유쾌한 창조자

생 각 을 지 휘 하 여 소 망 을 실 현 하 라

유쾌한 창조자

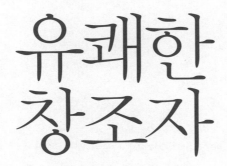

제리&에스더 힉스 지음 | 조한근 · 박행국 옮김

나비랑북스

이 책에 쏟아진 찬사

참으로 탁월한 책입니다! 아내와 나는 지난 수년에 걸쳐서, 정말 심오하면서도 지극히 실제적인 아브라함의 메시지를 실천하고 있습니다. 당신도 이 책을 통해서 많은 도움을 얻을 것이란 점을 의심하지 않습니다. 나의 모든 친구에게 이 책을 추천합니다!

● 존 그레이 《화성에서 온 남자 금성에서 온 여자》 저자

믿기지 않을 정도로 심오하지만, 단순하면서도 실용적인 아브라함의 가르침은 당신이 다시 자기 내면의 안내를 신뢰할 수 있도록 도와 줄 것입니다. 그리고 당신이 상상할 수 있는 가장 즐겁고 신나는 삶의 모험에 나설 수 있도록 적절한 연습 과정을 제공할 것입니다. 이 책은 당신의 의식을 고양시키고 기쁨에 넘치는 삶을 누리는데 있어 놀라운 지도가 되어줄 것입니다.

● 잭 캔필드 《영혼을 위한 닭고기 수프》 저자

《유쾌한 창조자》에서 가장 가치 있는 점은 소망을 이루는데 도움이 되는 독특하면서도 강력한 22가지 연습 기법을 제시하고 있다는 것입니다. 그 기법은 우리가 현재 어떤 삶의 상황에 처해 있든, 우리의 삶을 개선시켜 줄 구체적이고 실용적인 도구입니다. 나는 이 책을 사랑합니다. 에스더와 제리 힉스 또한 사랑합니다.

● 루이즈 헤이 《치유》 저자

출판 역사상 새로운 이정표가 될 책입니다! 이 책을 읽는 사람들은 근원 에너지와 영구적으로 연결된 존재의 생각을 접하는 행운을 누리게 될 것입니다. 게다가 이 존재는 우리가 쉽게 이해할 수 있는 언어로 말하고 있어서 이 메시지들을 일상생활 속에서 즉시 활용할 수 있습니다. 이 메시지들은 여러분이 자신의 삶을 이해하고 소망을 실현하는데 도움이 되는 하나의 청사진 역할을 할 것입니다.

● 웨인 다이어 박사 《행복한 이기주의자》 저자

아브라함-힉스의 가르침은 삶에 대한 명료한 관점과 확신, 그리고 삶의 목적과 열정을 원대한 새로운 수준에 이르도록 나를 고무시켰습니다. 나는 이 가르침을 계속해서 탐구하고 있으며, 내가 아는 모든 사람들에게 추천하고 있습니다. 그것은 내가 이제껏 접해오면서 삶을 변형시켰던 가장 강력한 가르침이었다고 단언할 수 있습니다. 삶 속에서 이 메시지를 실천해 보세요. 그러면 삶이 새로워지고 눈부시게 행복해질 것입니다.

● 앨런 코헨《내 것이 아니면 모두 버려라》저자

간단히 말씀드린다면, 이 책은 이제껏 내가 읽어본 책 중에서 가장 강력한 책입니다. 이 책에 담긴 에너지는 이 책을 접하는 이들의 삶 전체를 변화시킬 것입니다. 절대적인 사랑 속에서 세상에 전해진 책! 이 책은 삶의 보물 그 자체라 할 수 있을 거예요.

● 닐 도널드 월시 《신과 나눈 이야기》시리즈 저자

나는 지난 10여 년에 걸쳐 아브라함-힉스의 가르침에 대한 열렬한 팬이었습니다. 나와 내 가족은 그들의 메시지를 통해서 엄청난 도움을 받았습니다.

● 크리스티안 노스럽 《여성의 몸 여성의 지혜》 저자

《유쾌한 창조자》는 내가 오랜 세월 동안 읽어왔던 소망 실현에 관한 책 중에서 단연 최고의 책입니다! 나는 이 책이 더할 나위 없는 실제적인 방식으로 제공하고 있는, 그 심원한 진리를 깊이 음미하며 참으로 감사하고 있습니다. 이 책의 신선한 논조는 사랑에 넘치고 완전히 긍정적이어서 나에게 생명의 활기를 불러 일으켰습니다. 나는 《유쾌한 창조자》를 내가 아는 모든 이들에게 선물하고 있습니다. 이 책을 사랑하며 당신에게도 적극적으로 추천합니다!

● 도린 버튜 박사 《천사의 처방》 저자

감사의 글

이 책을

깨달음과 행복한 삶(Well-Being)을 추구해 온 여러분 모두에게 바칩니다. 깨달음과 행복한 삶을 추구하면서 궁금해 한 것들에 대해 이 책은 답을 줄 것입니다.

그리고

이 책이 가르치는 내용의 본보기라고 할 수 있는 우리의 사랑스러운 손자 손녀 로렐, 케빈, 케이트에게 이 책을 바칩니다. 그들은 이 가르침의 내용을 아직 잊지 않았기에 지금까지 이와 관련해 질문한 적이 없습니다.

또한

이 가르침을 특별히 루이즈 헤이(Louise Hay)에게 바칩니다. 아브라함이 전하는 웰빙(Well-Being)의 원리를 알고 싶어 하고, 지구에 널리 퍼뜨리고 싶어 하는 그녀의 소망은 우리를 통해 아브라함에게 이어져, 그 가르침을 잘 정리한 이 책이 세상에 나오게 되는 계기가 되었습니다.

에스더 & 제리 힉스

C·o·n·t·e·n·t·s

생 각 을 지 휘 하 여 소 망 을 실 현 하 라

유쾌한
창조자

추천의 글

웨인 다이어
베스트셀러 《행복한 이기주의》 저자

지금 여러분이 손에 들고 계신 이 책은, 이 시기의 지구상에 알려진 책 중에서 가장 심원한 가르침을 담고 있습니다. 나는 아브라함이 이 책과 카세트테이프를 통해 제공하고 있는 메시지를 접하고 깊은 영향을 받았습니다. 제리와 에스더는 지난 18년간 그 메시지를 알리는 일을 해왔습니다.

이 책의 서문을 아브라함이 나에게 부탁한 것은 개인적으로 정말 영예스러운 일이 아닐 수 없습니다. 나는 이 책이 출판 역사상 새로운 이정표를 세웠다고 말하고 싶습니다. 이 책은 모든 출판물 중 정말 독특한 위치를 차지하고 있습니다. 이 책을 통해서 여러분은 근원 에너지Source Energy와 영원히 연결된 존재들의 생각을 접하는 행운을 누릴 것입니다. 게다가 이 영적인 존재들은 우리가 쉽게 이해할 수 있는 언어로 말하고 있습니다. 여러분은 이 메시지를 일상생활 속에서 즉시 활용할 수 있습니다. 이 메시지는 여러분이 자신의 삶을 이해하고 자신의 운명을 뜻대로 결정하는 데 있어서 도움이 되는 청사진 역할을 할 것입니다.

먼저 드리고 싶은 말씀이 있습니다. 이 책을 읽고 아직 이 책에 있는 위대한 지혜를 실천할 준비를 하지 못했다면, 이 책을 단순히 몇 주 동안 들고 다니라는 것입니다. 그래서 이 책의 에너지가 여러분의 몸과 마음이 발산하는 저항을 뚫고 자신에게 스며들 수 있게 허용하시기 바랍니다. 또 흔히 영혼이라고도 불리는 그 형체가 없고 경계가 없는 내면의 자리와도 공명하도록 허용하시기 바랍니다. 아브라함은 그런 상태를 근원과 진동적으로 연결된 상태라고 말할 것입니다.

우주는 진동하고 있습니다. 아인슈타인이 "어떤 것이 움직여야 비로소 무슨 일이든 일어난다." 라고 묘사한 것과 같이, 모든 물체는 측정 가능한 특정한 주파수로 진동하고 있습니다. 단단한 물체를 쪼개고 또 쪼개서 관찰하면, 단단한 것처럼 보였던 그 물체가 실은 아주 작은 미립자가 춤추듯 움직이는 빈 공간에 불과하다는 사실을 보게 됩니다. 이런 극미한 양자(量子, quantum)를 조사해 보면 그것이 어떤 근원에서 방사되고 있음을 발견하게 됩니다. 그 근원은 시작과 끝이라는 개념이 없을 만큼 빠르게 진동하고 있습니다. 이렇게 가장 강하고 빠른 에너지가 근원 에너지입니다. 모든 인간과 사물은 이 에너지에서 생겨나 물체, 몸, 마음 및 에고들이 존재하는 이 세상에 나타나게 된 것입니다. 이러한 근원 에너지에서 우리의 몸과 마음이 멀어질 때, 수많은 문제, 질병, 빈곤 및 두려움이 이 세상에 나타나게 됩니다.

아브라함의 가르침은, 만물이 나왔다가 다시 돌아가는 근원에 여러분이 모든 면에서 다시 연결되도록 돕는 일에 초점이 맞추어져 있습니다. 아브라함은 근원에 100퍼센트 연결되어 두 번 다시 그 연결됨을 의심하지 않고 그 이로움을 누릴 수 있도록 깨달음을 주는 지혜들을 제공합니다. 이 책의 모든 구절이 그것을 입증합니다. 바로 그 이유 때문에 내가 이 책을 출판 역사상 새로운 이정표라고 말하는 것입니다.

여러분은 오직 여러분이 잘되기만을 바라는 정직하고 순수한 존재들과 의식적이고 직접적인 연결을 한 것입니다. 이제 그들이 여러분을 일깨울 것입니다. 여러분이 웰빙이라는 근원에서 왔다는 사실과 여러분은 그 강한 에너지를 자신에게 불러들여 삶의 모든 부분에 장애 없이 흐르도록 허용할 수도 있고, 아니면 그 에너지에 저항하여 모든 것을 공급하는 완전한 사랑의 근원에 단절된 상태로 머무를 수도 있다는 사실을 상기시킬 것입니다.

여기에 주어진 메시지들은 여러분이 사랑과 웰빙의 근원에서 나왔다는 아주 놀랍고도 매우 단순한 사실을 밝히고 있습니다. 여러분이 사랑과 평화의 에너지와 일치를 이룰 때, 여러분은 근원의 힘을 회복하게 됩니다. 근원의 힘은 여러분이 소망을 실현하고, 웰빙을 불러오고, 풍요를 끌어오고, 적절한 사람과 완벽한 환경에 연결될 수 있도록 신성한 안내의 자리로 여러분을 이끌고 있습니다. 이것이 근원Source이 하고 있는 일입니다. 여러분은 근원에서 나왔기 때문에 똑같은 일을 할 수 있습니다.

나는 아브라함과 개인적으로 온종일 시간을 보낸 적이 있습니다. 에스더와 제리 부부와 함께 저녁 식사를 하고 수백 개에 달하는 아브라함의 메시지를 들어보았습니다. 그래서 나는 말씀드릴 수 있습니다. 여러분은 내가 지금까지 만나본 사람 중 가장 신뢰할 수 있고, 영적으로 순수한 두 사람에 의해 제공된 아브라함의 가르침을 통해서, 이제 막 삶을 변화시킬 놀라운 여정 속으로 들어섰다는 것을 말이지요! 내가 아브라함을 위해 이 서문을 쓰는 일에 경외감을 갖는 것처럼, 제리와 에스더 부부는 아브라함의 가르침을 여러분에게 전달하는 자신들의 역할에 경외감을 가지고 있습니다.

이 책의 가르침을 바로 실천해보십시오. 그 가르침은 내가 지난 몇 년 동안 말해왔던 관점으로도 요약할 수 있습니다. 즉, "내가 사물을 주시하는 방식을 바꾸면, 내가 주시하고 있는 그 사물이 바뀌게 된다."입니다. 여러분은 이제 막 눈앞에서 새로운 세상이 열리는 것을 보고 또 그것을 체험하려 하고 있습니다. 이 세상은 근원 에너지에 의해 창조되었습니다. 근원 에너지는 여러분이 근원 에너지에 다시 연결되어, 기쁨에 넘치는 웰빙의 삶을 누리기를 바라고 있습니다.

아브라함, 이 귀중하고 소중한 책에 몇 마디를 보탤 수 있는 기회를 저에게 주셔서 감사합니다.

여러분을 사랑합니다, 여러분 모두를.

서문

제리 힉스

내가 이 서문을 쓰기 시작할 때, 햇살이 말리부^{Malibu} 해안선 위로
슬그머니 나타나기 시작하였습니다. 이른 아침 태평양이 보여 주는
짙은 감청색은, 이제 사람들이 이 책을 통해 가치 있는 정보를 얻
게 될 거라고 생각하는 순간에 내 안에서 느껴지는 커다란 희열과
너무나 잘 어울리는 것 같습니다.

《유쾌한 창조자^{Ask and It Is Given}》는 우리의 "요청^{asking}"에 근원이 확
실히 응답하고 있다는 것에 관한 책입니다. 그리고 기본적으로 우
리의 요청이 어떤 것이 됐든 그것이 어떻게 우리 삶 속에 주어지는
지를 알려 주는 책입니다. 또한 이 책은, 우리가 하고 싶고, 되고 싶
고, 갖고 싶은 게 무엇이든 그것을 어떻게 요청하고 어떻게 받는 것
인지에 관한 간단하고도 실용적인 창조 공식을 아주 명료한 표현으
로 설명하는 사상 최초의 책입니다.

* * *

   30년쯤 전에, 나는 삶에 관한 끝없는 의문 속에 "궁극적인 해답"을 찾는 과정 중에 "불립문자Ineffable(不立文字, 말로 표현할 수 없는)"라는 단어를 발견하였습니다. 바로 이 불립문자가 지금껏 찾아왔던 '궁극적인 그것'을 나타낸다는 것이 나의 결론입니다. "비물리적 존재Non-Physical"에 대해 알면 알수록, 그것을 명료하게 표현할 수 있는 단어는 더욱 더 적어집니다. 그렇기에 완전한 앎의 상태는 "말로 표현할 수 없는" 것입니다. 말하자면, 이 시기의 지구상 언어에는 "비물리적 근원"을 명확히 표현할 수 있는 단어가 존재하지 않습니다.

   인류는 지구 역사를 통해 수십억에 달하는 철학, 종교, 사상, 신념 등을 발전시켜 왔습니다. 그렇지만 아직도 수십억 위에 또 수십억에 이르는 사람들이 그들의 신념을 생각 중이고, 결정 중이며, 그리고 다음 세대로 전달 중이지만, 우리는 여전히 "비물리적 근원"을 표현할 수 있는 물리적 세상 속의 단어를 (적어도 우리가 동의할 수 있는 언어로) 찾지 못했습니다.

   기록된 역사에는 비물리적인 지성들과 의식적으로 교감해 온 많은 사람들 중에서 단지 소수에 대한 기록만이 있습니다. 그들 중 어떤 이들은 존경 받았습니다. 그러나 어떤 이들은 비난을 받았습니다. 하지만 비물리적 존재들과 교감했던 대다수의 사람들은 박해를 받거나 제도권 아래 편입되지 않을까하는 두려움 때문에 그들이 알게 된 사실을 말하지 않았습니다.

모세, 예수, 마호메트, 잔다르크, 요셉 스미스(1830년 미국의 몰몬교 창시자) 등과 같이 영어권 문화에 더 잘 알려졌던 이들 중 소수의 존재들만이 비물리적인 지성으로부터 정보를 수신해 세상 속에 표현했습니다. 하지만 그들 중 대다수는 아주 젊은 나이에 끔찍한 최후를 맞이했습니다. 비록 우리 모두가 언제나 비물리적 근원으로부터 어떤 형태의 안내를 직접적으로 받고 있다할지라도, 오직 소수의 사람만이 비물리적인 생각 덩어리를 명료하게 수신해 세상이 이해할 수 있는 물리적인 언어로 번역해 낼 수 있을 뿐입니다. 또한 그런 능력을 가졌다할지라도 세상에 자신의 체험과 정보를 기꺼이 드러내 나누는 이들은 더욱 더 적은 숫자에 불과합니다.

이 책의 서문에 이런 사실을 이야기하는 이유는 나의 아내인 에스더가 그런 보기 드문 사람들 가운데 한 명이기 때문입니다. 그녀는 마음먹은 대로 자기 자신을 충분히 이완시킨 상태에서 어떤 질문에도 응답하는 근원의 답변을 수신할 수 있습니다. 그녀는 말들이 아닌 생각 덩어리를 수신해서 가장 근접한 물리적 언어(영어)로 통역해냅니다. 그것은 마치 영어·스페인어 통역사가 스페인어로 전해진 생각을 듣고 그 생각(실제적인 단어들이 아닌)을 영어로 통역하는 것과 흡사한 방식이지요.

하지만 에스더가 수신하는 비물리적인 생각을 완벽하게 표현할 단어가 영어에 없는 경우도 있습니다. 따라서 에스더는 때때로 새로운 단어를 조합해 만들어 사용합니다. 그뿐 아니라 일반적인 단어들을 새로운 방식으로 활용하기도 합니다(예를 들면, 단어의 의미가 일반적으로 사용되는 뜻이 아닌 경우에는 굵은 글자로 표시하였습니다). 그런 이유로 우리는, 일반적으로 쓰이는 단어에 대해 우리가 사용하는 특별한 의미를 명확히 밝히기 위해서 간단한 용어정리를 이 책의 말미에 덧붙였습니다. 예를 들면, 사람들이 일반적으로 사용하는 웰빙well-being이라는 단어가 있는데, 그것은 보통 행복하거나 건강하거나 풍요로운 상태를 의미합니다. 그러나 아브라함의 비범한 가르침의 토대인 "웰빙"은 대문자 웰빙Well-Being으로 번역했습니다. 여기서 "웰빙"이란 더 광범위한 우주적이고 비물리적인 웰빙을 뜻합니다. 그러한 웰빙은 우리가 막지만 않는다면 자연스럽게 우리 모두에게 늘 흐르게 될 무한한 비물리적 흐름 또는 근원의 행복물결입니다. 또한 이 책에서 사전에는 없지만 새롭게 만든 단어(그러나 그 뜻은 명백한 단어)에는 따옴표를 하였습니다(예를 들면, "압도감overwhelment" 또는 "종말endedness" 같은 것들을 말합니다).

1986년부터 지금까지 에스더와 나는 매년 50개 이상의 도시를 여행하며 워크숍을 개최했습니다. 워크숍에 참가한 사람들은 원하는 어떤 주제에 대해서도 제한 없이 토론하고 질문할 수 있습니다. 수천 명의 인종, 계층, 문화적 배경이 다른 사람들이 워크숍에 참가하였습니다. 그들은 모두 직접적으로는 자신을 위하고, 간접적으로는 다른 이들에게 도움을 주기 위해 자신의 삶을 개선하고 싶어 했습니다. 그 동안 수천 명의 사람이 더 많은 것을 알고자 질문했고, 그에 대해 아브라함이라 불리는 비물리적 지성(知性)이 에스더를 통해 대답해왔습니다. 그리고 아브라함의 '웰빙의 원리'를 더 많이 알고 싶어 하는 사람들의 요청에 따라 그 동안의 성과를 모은 이 책을 출간하게 되었습니다.

이 가르침의 핵심에는, 우주에서 가장 강력한 법칙인 '끌어당김의 법칙Law of Attraction'이 자리하고 있습니다. 지난 20여 년간 우리는 〈의식적 창조과학〉이라는 계간지를 통해 아브라함의 가르침을 발표해 왔습니다. 그 잡지는 우리가 진행하는 '허용의 기술 워크숍'에서 모아진 질문에서 발췌한 가장 새로운 관점을 싣고 있습니다. 따라서 이 웰빙의 원리는 계속해서 발전하고 있고, 우리는 사람들의 새로운 질문과 관점을 계속 주시하고 있습니다.

이 책은 무엇보다 실천 가능한 일련의 코스를 제공합니다. 그리고 이 책은 어떻게 하면 자신이 바라는 것을 얻을 수 있고, 할 수 있으며, 될 수 있는지 그 방법을 제시해 주는 인생 지침서입니다. 또한 어떻게 하면 자신이 바라지 않는 것들을 갖지 않고, 하지 않고, 되지 않고 살아갈 수 있는지 가르쳐 줄 것입니다.

당신이 잊어버린
다시 기억해야 할 중요한 진실

우리는 당신이 현재 처해있는 삶의 상황이
어떠하든 지금 있는 그 삶의 자리에
기뻐할 수 있기를 강력히 바라고 있습니다.

1장

지금 이 순간 기분 좋게
살아가는 것에 담긴 힘

우리는 아브라함이라 불리는 존재들입니다. 우리는 당신의 눈에는 보이지 않는 **비물리적인 차원**에서 말하고 있습니다. 머지않아 당신도 우리처럼 비물리적인 차원에서 현재의 물질세상 속으로 들어왔다는 것을 이해하게 될 것입니다. 그렇기에 우리와 당신은 별로 다르지 않습니다. 이 물질세상은 비물리적인 세계로부터 에너지의 투사를 통해 만들어졌습니다. 실제로 당신과 당신이 살고 있는 이 물질 세상은 **비물리적인 근원 에너지가 뻗어 나와 나타난** 것입니다.

비물리적 세계에서 우리는 말을 사용하지 않습니다. 언어가 굳이 필요하지 않기 때문입니다. 우리는 말을 하거나 귀로 듣지는 않지만 서로 간에 완벽하게 의사소통을 합니다. 우리의 비물리적 언어는 진동으로 되어 있습니다. 우리가 함께 지내는 공동체와 가족은 비슷한 의도를 지닌 존재들로 구성되어 있습니다. 다시 말해서, 우리는 어떤 의도를 진동으로 내보내면 같은 의도를 지닌 다른 존재들이 서로 모이게 됨으로써 함께 하게 됩니다. 이것은 당신의 물질세상에서도 똑같이 적용되는 원리입니다. 하지만 대부분의 사람들은 이러한 진실을 잊어버렸습니다.

아브라함은, 우리들 자신이 물리적으로 표현된 존재인 당신들이 삼라만상을 관통해 작용되는 우주 법칙들을 다시금 기억해낼 수 있도록 돕겠다는 강력한 의도 속에서 자연스럽게 함께 모인 비물리적 가족입니다. 우리의 의도는 여러분이 다음의 진실을 기억할 수 있도록 돕는 것입니다. 여러분은 근원 에너지가 그대로 뻗어 나와 물리적으로 표현된 존재들이며, 사랑받고 축복받고 있는 존재들이라는 진실입니다. 그리고 여러분은 기쁨에 넘치는 창조를 하기 위해 이 물리적 시공간 현실로 들어왔다는 진실입니다.

물질세계에 초점을 맞추고 살아가는 모든 이들에게는 각기 보이지 않는 세계에 존재하는 자신의 비물리적인 부분이 있습니다.(모든 인간은 비물리적 세계에 자신의 일부가 존재하고 있다고 하며, 아브라함은 이 존재를 '진정한 자신' '내면 존재' '자신의 근원' 등으로 다양하게 부르고 있습니다_역주) 이것에 예외는 없습니다. 따라서 물질세계에서 살아가는 모든 존재들은 자신의 비물리적인 부분이 가진 넓고 광대한 시각에 접속할 수 있습니다. 이것에도 예외가 없습니다. 하지만 대부분의 사람들은 지구별의 물리적인 특성으로 인해 현실 삶 속에 너무도 깊숙이 빠져들었습니다. 그 결과 자신의 비물리적인 부분보다 물리적인 삶 속으로 주의가 크게 분산되었습니다. 이로 인해 자신의 근원과의 연결을 방해하는 강한 저항의 습관들을 발달시켰습니다. 우리는 이제 자신의 근원과의 연결을 다시 기억하려는 사람들을 돕고자 합니다.

몸을 입고 사는 모든 이들은 자신의 비물리적 근원에 명확히 접속해 의사소통을 할 수 있습니다. 그렇지만 대다수의 사람들은 이러한 사실을 의식적으로 알아차리지 못한 채 살고 있습니다. 그리고 종종 그러한 연결이 가능하다는 걸 알게 된 사람들조차도 그동안 발달시켜온 저항의 생각 습관들로 인해 자신의 비물리적인 부분과 의식적으로 교류하면서 살아갈 수 있는 자신의 능력을 스스로 방해하고 있습니다. 그런데 가끔은 명확한 의사소통의 통로가 열리는 경우가 있습니다. 우리는 그런 존재들을 통해서 우리의 앎을 진동적으로 전달할 수 있습니다. 그들은 우리의 진동을 명확히 수신해서 인간이 사용하는 언어로 해석합니다. 바로 이것이 우리를 채널하는 에스더에게 일어나고 있는 일입니다. 마치 라디오의 신호를 송수신하는 것과 비슷한 방식으로, 우리가 알고 있는 지식들을 에스더에게 진동적으로 전달하면, 에스더는 그 진동을 수신해 사람들이 이해할 수 있는 언어로 번역합니다. 우리는 이런 방식으로 우리의 앎을 여러분에게 전달할 수 있다는 사실이 얼마나 기쁘고 만족스러운지 모릅니다. 그러나 애석하게도 이 시기 지구상에는 우리의 이런 감정을 표현해 줄 충분한 말이 존재하지 않는 것 같습니다.

우리는 현재 당신이 처해있는 삶의 상황이 어떠하든 지금 있는 그 삶의 자리에 기뻐할 수 있기를 강력히 바라고 있습니다. 이 말이 얼마나 이상하게 들릴지 우리는 잘 알고 있습니다. 특히 현재 상황이 자신이 원하는 삶과는 너무나 동떨어져 있다고 느끼는 사람들에게는 더욱 그러할 것입니다. 하지만 우리는 당신에게 절대적으로 약속할 수 있습니다. 당신이 '지금 이 순간 기분 좋게 살아가는 것에 담긴 힘'을 진실로 이해할 수만 있다면, 현재 삶의 상황이 어떠하든 자신이 원하는 게 무엇이든, 그것이 어떤 존재 상태나 건강한 상태 또는 물질적 풍요가 됐든 관계없이, 당신이 바라는 그 모든 것을 실현시킬 수 있는 마법의 열쇠를 손에 쥐게 된 것과 같다고 말이죠!

이 책은 자기 자신과 주위의 모든 사람들을 더 잘 이해하기를 바라는 당신을 위해서 특별히 쓰여 졌습니다. 당신은 이 책에서 도움이 되는 것들을 발견할 수 있을 것입니다. 그러나 말을 통한 가르침에는 한계가 있습니다. 진정한 앎은 삶의 체험을 통해서 얻게 되기 때문입니다. 그리고 당신은 살아가면서 계속해서 경험과 지식을 얻게 되겠지만, 삶이란 단지 경험과 지식에 관한 것이 전부가 아닙니다. 물질세상 속으로 들어온 당신의 삶은, 충만한 실현과 만족감, 그리고 기쁨에 관한 것입니다. 진실로 삶이란 자신이 어떤 존재인지를 끊임없이 표현해 가는 일에 관한 것입니다.

들을 준비가 되어 있는 것만 듣습니다.

우리는 언제나 당신 의식의 여러 수준을 향해 동시에 말합니다(한 사람의 내적인 의식 수준이 자신은 깨닫지 못하고 있을지라도 현재 의식을 포함하여 근원적 앎의 수준까지 여러 수준이 동시에 존재한다고 함_역주). 그러나 당신은 현재 자신이 받아들일 준비가 되어 있는 것만을 받아들일 것입니다. 모든 사람들이 이 책에서 똑같은 것을 얻지는 않을 것입니다. 하지만 이 책을 읽을 때마다 매번 더 많은 것들을 얻게 될 것입니다. 이 책은 그 진가와 파워를 이해하는 사람들에 의해 여러 번 반복해서 읽혀질 책입니다.

이 책에 담긴 내용은 물질세계의 인간들이 그들 자신과 신과의 관계를 이해하도록 도울 것입니다. 그리고 겉모습의 그들과 진정한 그들 자신이 어떤 관계를 맺고 있는지도 이해하도록 도울 것입니다.

이 책은 당신이 진정한 당신 자신을 이해하는 것을 돕고, 당신이 이제껏 어떻게 살아왔고 현재 어디를 향하고 있는지, 그리고 앞으로 계속해서 되어갈 자신의 실상이 무엇인지를 이해하도록 도울 것입니다.

이 책은 당신이 영원히 확장하는 여정 속에 있기에 그 모든 것은 결코 끝난 적이 없었고 영원히 끝날 수도 없다는 진실을 이해하도록 도울 것입니다. 또한 당신이 과거나 미래와 어떤 관계를 맺고 있는지에 대해서 이해하도록 도울 것입니다. 그러나 가장 중요한 것은 "강력한 지금NOW 속에 담겨있는 무한한 잠재력"에 대해 당신이 자각하도록 일깨워 줄 거라는 사실입니다.

그리고 이 책을 통해서 당신은 자신이 어떻게 자기 삶의 모든 체험을 창조해내는 창조자인지에 대해서 배우게 될 것이며, 왜 당신의 그 모든 힘이 바로 이 순간 당신의 '지금' 속에 있는지에 대해서도 배우게 될 것입니다. 궁극적으로 이 책은 당신을 당신이 가지고 있는 '감정안내시스템'Emotional Guidance System과 '진동설정지점'Vibrational set-point에 대한 이해 속으로 안내해 줄 것입니다.

이 책의 2부인 《감정연습》에서는 당신이 강력하고 지혜로운 자신의 비물리적인 부분과 다시 연결되는데 도움이 될 일련의 연습 기법을 만나게 될 것입니다. 그 기법들은 당신이 삶에서 바라는 모든 것을 실현하도록 도울 것입니다. 그래서 당신이 그 기법들을 자신의 삶 속에 적용해 감으로써 강력한 우주 법칙을 다시 기억해내게 될 때, 삶에 대한 기쁨에 넘치는 열정이 당신의 내면에 자연스럽게 되살아날 것입니다.

2장

우리는 당신과의
약속을 지키고 있습니다
'진정한 당신'에 관한 진실을 상기시켜주겠다는 약속을

"당신은 당신이 바라는 것이 무엇인지 알고 있습니까?"

"당신이 바로 자기 삶의 모든 경험을 창조해내는 창조자임을 알고 있습니까?"

"당신의 소망이 확장되는 걸 즐기십니까?"

"당신 안에 맥동치는 새로운 소망의 신선함을 느끼십니까?"

이러한 질문들에 다음과 같이 답하는 사람도 있을 것입니다.

"네, 나는 지금 내 소망이 확장되는 걸 즐기고 있어요. 내가 바라는 많은 것이 아직은 물질적으로 구현되지는 않았지만, 지금 이 순간에도 구현되고 있는 중이라는 것을 믿습니다. 그래서 지금 이 자리에서도 삶의 설렘과 경이로움을 느끼고 있답니다!"

만일 당신이 이렇게 대답할 수 있다면, 당신은 아주 보기 드문 사람 중의 한 명입니다. 당신은 이미 진정한 당신 자신에 관한 진실과 이 물질 세상의 삶이 무엇에 관한 것인지를 알고 있는 사람입니다.

그러나 당신은 대다수의 사람들이 그렇듯이 자신이 바라는 것들이 아직 실현되지 않아서 불행하다고 느낄 수도 있습니다. 예를 들면, 돈이 더 많이 있기를 바라지만 늘 돈이 부족한 궁핍한 처지에 있거나, 현재의 직장 상황이 만족스럽지 않고 뭔가 꽉 막혀있는 느낌이지만 개선시킬 방법을 찾아내지 못하고 있을 수도 있습니다. 또는 만족스럽지 못한 관계 속에 있거나 아주 오랫동안 꿈꾸어 왔던 이상형의 연인을 아직도 찾고 있을지도 모릅니다. 혹은 자신의 몸과 체형이 마음에 들지 않고 건강이 나쁜 상태일 수도 있습니다. 이렇게 대부분 사람들이 그러한 것처럼 당신도 아직 실현되지 않는 소망이나 원하지 않는 상황으로 인해 불행해한다면, 우리는 여기서 당신에게 매우 중요하고 꽤 이해하기 쉬운 몇 가지 정보를 알려드리고 싶습니다.

우리는 당신이 삶에서 바라는 모든 소망들을 실현하면서 살아가길 바라기에 이러한 정보들을 제공합니다. 하지만 그것은 정말이지 우리가 정보를 전하는 이유의 아주 작은 일부에 불과합니다. 왜냐하면 현재의 소망들이 모두 실현되었을 때에도 그러한 소망들을 대신할 또 다른 새로운 소망이 더 발전되고 확장된 형태로 당신 안에 계속해서 생겨날 것임을 알고 있기 때문입니다. 그래서 우리는 당신이 소망을 모두 실현해서 더 이상 소망이 없는 상태가 되도록 하기 위해 이 책을 쓰는 게 아닙니다. 그것은 사실상 불가능한 성질의 것이니까요.

우리가 이 책을 쓰는 이유는, 당신 존재의 핵심을 통해서 맥동치고 있는 권능과 필연적일 수밖에 없는 성공에 대한 기억을 당신 안에 일깨우기 위해서입니다. 우리는 당신의 원래 천성이라 할 낙천적이고 긍정적인 기대감 속에서 살아가는 삶의 태도와 기쁨에 넘쳐나는 본래의 당신 모습을 되찾는 걸 돕기 위해서, 그리고 당신이 될 수 없고, 할 수 없고, 가질 수 없는 것은 아무것도 없다는 진실을 상기시켜드리기 위해서 이 책을 씁니다. 우리는 당신에게 했던 약속을 지키기 위해 이 책을 씁니다. 그리고 지금 당신이 이 책을 읽고 있다면, 당신 또한 당신이 했던 약속을 지키고 있는 것입니다.

당신은 기쁨 속에서 살기 위해 이 물질 세상에 들어왔습니다

이 물질세상으로 들어올 때 당신은 영혼 차원에서 이렇게 말했습니다.

"나는 다른 존재들과 함께 섞여 살아가는 이 물리적 시공간 속으로 들어가, 나만의 독특하고 명확한 관점을 지닌 어떤 정체성을 취할 거야. 그런 관점을 통해 나 자신을 보는 걸 배우고, 다른 사람들에게 그런 관점으로 보일 나 자신을 즐길 거야."

그리고 당신은 말했습니다.
"나는 내 자신을 둘러싸고 있는 주변 환경과 상황을 관찰하면서 살아갈 거야. 그 관찰을 통해 나만의 소중한 선호와 소망이 자연스럽게 태어나도록 할 거야."

당신은 또 말했습니다.
"나는 나만의 독특한 선호와 관점이 지닌 소중한 가치를 충분히 인식하면서 살아갈 거야."

또한 당신은 말했습니다. 이 말은 당신이 했던 말들 중에서 가장 중요한 부분입니다.
"나는 언제나 나만의 개인적인 관점이 지닌 가치와 권능을 느끼면서 살아가겠어. 실상 이 세상을 창조한 비물리적인 근원 에너지는 독특한 개인적인 관점을 통해서 내 존재 속으로 흘러들기 때문이야. 근원 에너지는 나의 관점을 통해 정의해낸 것들을 창조해내기 위해서 나의 결정과 의도와 각각의 모든 생각을 통해 흐르게 되어 있어."

육체적인 몸으로 태어나기 전에 당신은 이미 명확히 알고 있었습니다. 당신이 바로 이 물리적 육체에 특별히 초점을 맞추게 될 "근원 에너지" 자체라는 진실과, 당신이 취하게 될 육체적 개인으로서의 인간적 자아는 당신이 원래 나왔던 근원과 결코 분리될 수 없다는 진실을. 그때 당신은 자신이 근원 에너지에 영원히 연결되어 있다는 진실도 이해하고 있었습니다.

그래서 당신은 이렇게 말했습니다.

"나는 내 자신을 육체적인 몸속으로 쏟아 부어 물리적 시공간 속으로 들어가는 게 너무 좋아. 다양성으로 넘쳐나는 물리적 환경 속에서 나만의 특정한 소망에 초점을 맞출 수 있기 때문이지. 그러면 진정한 나 자신이기도 한, 강력한 근원 에너지를 나의 소망을 향해 흐르게 할 수가 있어. 그러면 특정한 어떤 것으로 집중된 근원 에너지가 물리적인 창조를 일으키게 되고, 우주 전체가 강력하게 앞으로 나아가게 돼. 그렇게 해서 근원의 생명력이 나를 관통해 흐를 때 나는 형언할 수 없는 기쁨을 맛보게 될 거야!"

우리는 '진정한 당신'에 관한 진실을 알고 있습니다

그래서 당신은 이 놀라운 몸속으로 들어왔습니다. 기쁨에 넘치는 강력한 존재라는 자신의 본성에 대한 기억을 간직한 채, 자신이 나왔던 근원의 찬란한 영광을 언제나 기억하면서 살아가리라는 걸 알고서, 그리고 당신과 근원과의 연결은 결코 끊어질 수 없다는 진실을 명확히 알고서 이 세상으로 들어왔습니다.

그래서 지금, 우리도 여기에 있습니다. 당신이 현재 어떻게 느끼고 있든, 당신이란 존재는 근원과의 연결을 결코 잃어버릴 수 없다는 진실을 당신이 다시 기억해내는 걸 돕기 위해서 여기에 있습니다.

우리는 당신이 참으로 강력한 당신의 본래 모습을 기억하고, 당신이 원래 의도했던 진정한 당신 자신으로 살아가는 걸 돕기 위해서 여기에 있습니다. 당신은 원래 확신과 기쁨에 넘쳐 항상 자신의 주의를 진정한 당신 자신으로 향하게 할 경이로운 뭔가를 찾고 탐험하는 존재입니다.

우리는 당신이 누구인지를 알고 있기에, 당신이 본래의 당신을 기억해내는 걸 쉽게 도울 수 있습니다.

우리는 당신이 어디에서 왔는지 알고 있기에, 당신이 왔던 곳을 쉽게 상기시켜줄 수 있습니다.

우리는 당신이 바라는 것이 무엇인지 알고 있기에, 당신이 바라는 곳으로 당신을 쉽게 안내할 수 있습니다.

당신은 무엇이든 될 수 있고, 할 수 있고, 가질 수 있습니다

당신이 될 수 없고, 할 수 없고, 가질 수 없는 것은 아무것도 없습니다. 우리는 당신이 이러한 진실을 기억해내기를 바랍니다. 그리고 이러한 진실을 당신이 삶속에서 실현하는 걸 돕고 싶습니다. 하지만 우리는 현재 당신이 처해 있는 삶의 자리도 사랑합니다. 설령 당신이 자신의 현재 삶의 자리를 사랑하지 않는다고 해도 말이죠. 현재 삶의 자리에서 앞으로 살고 싶은 삶의 자리로 나아가는 당신의 여정에는 참으로 커다란 기쁨이 있을 것임을 우리는 알고 있기 때문입니다.

당신은 이 물질 세상의 삶을 살면서 자신의 기쁨과 권능을 방해하는 수많은 저항의 생각을 부지불식간에 받아들이게 되었습니다. 우리는 당신이 그 모든 저항의 생각을 버릴 수 있도록 돕고 싶습니다. 그래서 당신 존재의 핵심에서 끊임없이 맥동치는 강력한 앎을 당신이 다시 활성화시키는 것을 돕고 싶습니다.

그러니 긴장을 풀고 편안히, 진정한 자신을 다시 발견해 가는 이 여정을 즐기십시오. 이 여정은 쉽고 간단합니다. 우리는 당신에게 바라는 게 있습니다. 당신이 이 책을 다 읽게 될 무렵에는, 우리가 당신을 알고 있는 것처럼 당신도 자신에 관한 참된 진실을 알게 되기를, 우리가 당신을 절대적으로 사랑하고 있듯이 당신도 당신 자신을 진실로 사랑하기를, 그리고 우리가 당신의 삶을 즐기듯 당신도 당신의 삶을 즐겨가기를 진실로 바라고 있답니다.

당신이 이 우주를 창조해낸 영원한 힘과
우주 법칙에 진동적으로 다시 정렬된다면,
형언할 수 없는 기쁨이 넘치는 창조가 당신의 삶 속에 펼쳐질 것입니다.

3장

당신이 당신의
현실을 창조한다

얼마 전에 우리의 친구인 제리와 에스더가 처음으로 이런 구절을 접했습니다.

"당신은 당신의 현실을 창조하는 창조자입니다."

그들은 제인 로버츠의 '세스Seth' 메시지를 접했던 것입니다. 그것은 그들을 흥분시키는 관점이었지만 동시에 고민에 빠져들게 하는 명제이기도 했습니다. 지난날 그들도 아주 많은 사람들이 그러하듯 자신들의 삶의 체험을 원하는 대로 창조할 수 있기를 바래왔지만 뜻대로 되지만은 않았기에, 다음과 같은 이해하기 어려운 어떤 근본적인 의문에 빠져들었던 것입니다.

"우리가 살고 싶은 현실을 선택해서 우리 스스로 창조해내는 것이 정말로 가능할까? 만약 그렇다면 그 구체적인 방법은 무엇일까?"

삶의 토대는 절대적인 자유입니다

당신은 당신이 자신의 현실을 창조한다는 내재적인 앎을 지닌 채 태어났습니다. 실상 그러한 앎은 당신 안에 너무도 근본적인 전제로 자리하고 있습니다. 그래서 누군가가 당신의 창조를 방해하거나 간섭하려 들면 당신은 내면에서 즉각적으로 어떤 불협화음을 느끼게 됩니다. 바로 당신이 자신의 현실을 창조해내는 창조자라는 것을 선천적으로 알고 태어난 것입니다.

하지만 그렇게 창조자로서 살아가고자 하는 바람이 강하게 맥동치고 있음에도 불구하고, 당신은 사회에 동화되기 시작하면서 다른 이들이 당신에게 따라야 하는 삶의 방식이라고 주장하는 많은 것을 받아들이게 되었습니다. 그렇지만 오늘도 여전히 당신 안에는 자신이 바로 자기 삶의 모든 경험을 창조해내는 창조자라는 앎과 절대적인 자유가 당신만의 독특한 체험을 가능하게 하는 토대로서 당신에게 주어졌다는 앎이 살아 있습니다. 그리고 궁극적으로 삶의 체험이어떤 내용으로 창조되어질 것인가는 절대적으로 유일하게 당신이 좌우한다는 앎이, 당신 안에 살아 꿈틀거리고 있습니다.

누군가가 이러저러한 일을 하라고 당신에게 지시하면 기분이 좋지는 않습니다. 누군가가 당신의 강한 내적 충동을 부인하고 단념시키려 할 때에도 마찬가지입니다. 하지만 당신은 시간이 흐르면서 그들의 익숙한 삶의 방식이 당신의 방식보다 더 효과적이고 바람직하다고 주장하고 설득하는 주위 사람들의 끊임없는 압력에 굴복했습니다. 그 결과 당신은 점차 자신의 삶을 스스로 이끌어 가겠다는 결심을 내려놓기 시작했습니다. 그러면서 자신에게 무엇이 가장 좋은 것인지에 대해 스스로 알려 하지 않고 다른 사람들이 제시하는 견해를 따르는 것이 종종 더 쉽고 편하다는 것을 발견하게 되었습니다.

당신은 사회적인 틀에 순응시키려는 사회의 그 모든 시도에 스스로 타협해버리고, 굳이 문제를 일으키지 않고 쉽고 편하게 살고자 다른 이들의 견해를 받아들이는 태도를 취하게 되었습니다. 그런 태도 속에서, 당신은 자신의 삶을 스스로 창조해낼 기반인 절대적이고 완전한 자유라는, 가장 근본적이고 중요한 삶의 토대를 부지불식간에 그들에게 양도해버리고 말았습니다.

그럼에도 불구하고, 당신은 이러한 자유를 쉽사리 포기한 적이 없었습니다. 진실을 얘기하자면, 당신은 결코 그것을 단 한순간도 놓아버릴 수 없습니다. 그러한 자유는 당신 존재의 가장 중요한 핵으로서 언제나 거기에 있기 때문입니다. 비록 당신이 사람들과 그럭저럭 잘 지내려고 자신의 자유를 놓아버리려는 시도 속에서 혹은 원하는 것을 선택할 수 있는 권리를 포기하는 길 이외에 달리 방법이 없다는 체념 속에서, 당신의 자연스런 본성에 반하는 길과 당신의 영혼을 부인하는 길을 가고 있을 때조차도, 여전히 온전한 자유가 당신 안에 살아 꿈틀거리고 있습니다.

그 누구도 당신의 경험을 대신 창조할 수 없습니다

이 책은 근원 에너지에 당신 자신을 다시 일치시키는 것에 관한 책입니다. 진정한 당신의 본래 성품인 명료함과 선함, 그리고 강력한 권능을 다시 일깨우는 것에 관한 책이지요. 또한 이 책은 당신이 절대적으로 자유로운 존재라는 진실과, 지금까지 항상 자유롭게 살아왔고 앞으로도 언제나 원하는 대로 선택할 수 있는 자유를 갖고 살아갈 거라는 진실을 당신이 의식적으로 자각하도록 돕기 위해 쓰여 졌습니다. 만약 당신의 현실을 다른 사람이 창조하도록 방치한다면 만족감은 없을 것입니다. 실상 당신의 현실을 다른 사람이 대신 창조해 주는 일은 가능하지도 않습니다.

일단 당신이 이 우주를 창조해낸 영원한 힘과 우주 법칙에 진동적으로 다시 일치된다면, 그때는 형언할 수 없는 기쁨에 넘치는 창조가 당신의 삶 속에 펼쳐질 것입니다. 그럴 수밖에 없는 이유는, 당신 삶의 체험을 창조해내는 창조자가 바로 당신 자신이기 때문입니다. 또한 당신이 뜻대로 펼쳐가는 삶에는 더할 나위없는 기쁨과 만족감이 있기 때문입니다.

당신은 물리적 형태를 취한 영원한 존재입니다

당신은 경이롭고 다양한 이유로 물리적 삶의 체험에 참가하기로 선택한 영원한 존재입니다. 그리고 이 지구별의 시공간 현실은 당신만의 특정한 창조를 위해 당신의 관점을 집중시킬 수 있게 해주는 일종의 발판으로서 봉사합니다.

당신은 순수의식입니다. 당신은 특정한 초점 맞추기와 창조 속에 있는 흥분과 고양감을 맛보기 위해 경이로운 물리적 몸속에 들어와 있는 영원한 순수의식입니다. 그리고 당신이 자신으로 알고 있는 인간 존재로서의 당신은 생각을 통해 창조를 일궈가는 생각의 최선단Leading Edge of thought에 서 있습니다. 따라서 당신의 근원인 순수의식은 창조의 최선단인 지구에 들어와 있는 바로 당신을 통해서 자신의 모든 것을 쏟아 붓습니다. 당신이 형언할 수 없는 기쁨과 고양감을 느끼는 순간이란 당신의 모든 것이 활짝 열려 있는 순간입니다. 당신의 근원이 당신을 통해서 표현하는 것을 진실로 허락하는 순간인 것입니다.

때때로 당신은 당신 존재의 본성이 당신을 통해 흐르는 것을 완전히 허용하기도 하지만, 그렇지 않을 때도 있습니다. 이 책은 당신이 상황이나 조건에 관계없이 언제나 근원 에너지가 당신을 통해 충분히 흐르도록 허락해 줄 수 있는 능력을 갖고 있다는 진실을 알려 줄 것입니다. 그래서 당신이 '진정한 당신'인 근원과의 완전한 연결을 의식적으로 허용하는 법을 배워갈 때, 당신은 삶 속에서 절대적인 기쁨을 맛보게 될 것입니다. 생각의 방향을 의식적으로 선택해감으로써, 당신은 근원 에너지, 신, 기쁨, 그리고 자신이 좋은 것으로 여기는 모든 것들에 항상 연결된 상태에서 살아갈 수 있게 될 것입니다.

절대적인 웰빙이 우주의 근본 토대입니다

웰빙이 이 우주의 토대입니다. 웰빙은 '존재하는 모든 것'의 바탕이자 기초입니다. 이 우주에는 단 하나의 웰빙의 흐름만이 존재합니다. 그것은 언제나 당신에게로 그리고 당신을 통해서 흐릅니다. 그것을 삶 속에서 누리려면 단지 당신이 허락하기만 하면 됩니다. 숨을 들이쉬고 내쉬듯 그저 자신을 활짝 열고, 편안히 이완된 상태에서 웰빙의 행복 물결을 당신의 존재 안으로 들어오도록 들이쉬면 됩니다.

이 책은 당신이 그러한 웰빙 물결에 자연스럽게 연결되는 것을 '의식적으로' 허락하는 법에 대해 다루고 있습니다. 그것은 진정한 당신 자신을 다시 기억해내는 일에 관한 것입니다. 그래서 당신이 물리적 육체 속으로 들어오기 전에 품었던 원래 의도대로 이 장엄하고 놀라운 창조의 최선단에서 자신만의 창조 체험을 펼쳐갈 수 있도록 하기 위한 것입니다. 당신이 원래 의도했던 체험은 바로 당신 존재의 절대적 본성인 자유를 기쁨 속에서 공동 창조의 방식으로 끝없이 표현해가겠다는 것이었습니다.

당신은 얼마나 많은 근원의 웰빙 물결이 당신을 향해 흘러들고 있는지 이해할 수 있습니까? 얼마나 많은 상황과 놀라운 일이 당신을 위해 준비되고 있는지 알고 있습니까? 우주 전체가 당신을 얼마나 소중히 여기고 찬탄하고 있는지 알고 있습니까? 당신이 선택한 체험이 완벽히 창조되도록 이 지구별과 우주 전체가 얼마나 기민하고도 적절하게 움직이고 있는지 알고 있습니까?

당신은 자신이 얼마나 많이 사랑받고, 축복받고, 존경받고 있는 존재인지 알고 있습니까? 이 우주의 창조 과정에 있어 당신의 존재가 얼마나 필수불가결한 존재인지 알고 있습니까?

우리는 당신이 이러한 진실을 이해하시길 원합니다. 당신이 축복받은 당신 존재의 천성을 이해하길 바라며, 진실로 당신이 그런 존재라는 증거를 찾아보기를 원합니다. 우리는 당신이 그 증거를 보고자 하는 그 모든 순간마다 보여줄 것이기 때문입니다. 당신이 원하는 증거는 무엇입니까? 연인, 돈, 만족스런 체험, 멋지고 아름다운 것, 바라는 어떤 상황이나 일, 또는 다른 이들과 공동 창조해내길 원하는 어떤 멋진 체험이 아닌가요? 그게 무엇이든 당신이 허락하기만 한다면, 우리는 그 모든 것을 당신이 눈으로 볼 수 있도록 제공해줄 것입니다. 우리가 그렇게 하는 이유는 아주 단순합니다. 그것은 당신 자신을 충만하게 하고, 즐겁게 하고, 만족스럽게 하면서, 매순간 당신에게 기쁨을 선사해드리고 싶다는 정말 환상적으로 중요한 이유 외에는 다른 게 없답니다!

당신은 영원히 성장합니다. 영원한 성장은 결코 피할 수 없는 당신의 운명입니다. 그렇게 될 수밖에 없습니다. 당신은 영원한 성장과 확장의 여정 속에 있으니까요. 그렇기에 당신은 그러한 성장만을 위해 이 물질 세상에 들어온 것이 아닙니다. 당신은 이 삶 속에서 갖게 된 독특한 관점과 소망을 통해서 근원의 생명력이 당신 존재 속으로 흐르는 걸 허락할 때 느끼는 형언하기 어려운 커다란 기쁨을 경험하기 위해서 여기에 있는 것입니다. 이것이 바로 당신이 이 물질 세상에 들어온 이유입니다.

4장

소망을
실현하는 길

사 람들이 우리에게 가장 자주 하는 질문이 있습니다.

"원하는 것을 얻는데 왜 그렇게 오랜 시간이 걸리나요?"

당신이 충분히 원하지 않았기 때문이 아닙니다.

당신이 충분히 지성적이지 못해서가 아닙니다.

당신이 그것을 누릴 충분한 가치가 없는 존재여서가 아닙니다.

운명이 당신의 편이 아니기에 그런 것이 아닙니다.

다른 누군가가 이미 당신의 몫을 차지해 그런 것도 아닙니다.

당신이 바라는 것을 아직 누리지 못하고 있는 진짜 이유는 당신이 소망의 진동과 조화롭지 않는 패턴으로 진동하고 있기 때문입니다. 그것이 유일한 이유입니다. 절대적으로 말이죠! 그래서 당신이 이해할 필요가 있는 중요한 일은, 만약 당신이 잠시 멈추어서 자신의 진동 패턴을 생각해보거나 또는 더 좋은 방법으로 그것에 대해 느껴본다면, 자신의 그런 패턴이 조화롭지 않다는 걸 확인할 수가 있다는 사실입니다.

따라서 이제 당신이 해야 할 유일한 일은, 자신이 가지고 있는 저항의 생각들을 부드럽게 그리고 점진적으로 놓아버리는 것입니다. 저항의 생각들이야말로 당신의 소망을 가로막는 유일한 요인이기 때문입니다. 그래서 당신이 점점 더 편안하고 가벼워진 안도감을 느끼게 된다면, 그것은 당신이 저항을 놓아버리고 있다는 표시입니다. 반면에 긴장이나 화, 좌절감이 커지고 있다면, 그것은 저항이 커지고 있다는 반증입니다.

웰빙이 문 밖에 쌓여 있어요!

이 모든 것을 이해하기 위한 근본적인 전제가 있습니다. 우리는 당신이 다음과 같은 근본적인 전제를 기억해내기를 바랍니다.

근원의 웰빙이 언제나 흐르고 있습니다. 근원의 행복 물결이 당신에게 다가가고 싶어 합니다. 웰빙이 바로 당신의 방문 앞에 산더미처럼 쌓여 있습니다!

당신이 지금껏 바라던 그 모든 소망은 진동으로 우주에 전송되었습니다. 그것을 말로 표현했든 마음속으로만 품었든 상관없이 모두 우주로 전달되었지요. 그리고 근원은 그 모든 소망을 듣고 충분히 이해하고 그대로 응답해왔습니다. 따라서 이제 당신이 할 일은 응답된 소망을 받는 걸 가능케 하는 진동 상태 속으로 들어가기만 하면 되는 것입니다. 다시 말해서 근원이 응답한 소망을 진동적으로 받아들일 수 있는 기분 속으로 들어가는 것입니다.

당신은 근원 에너지가 물리적으로 표현된 존재입니다

당신은 근원 에너지가 뻗어 나와 물리적으로 표현된 존재입니다. 그리고 당신은 생각을 통해 창조를 일궈내는 '창조의 최선단' 영역에 서 있습니다. 당신이 살고 있는 이 시공간 현실은 지금 눈에 보이는 물질적 형태로 드러나기 훨씬 이전에 생각의 힘을 통해서 작동되기 시작했습니다.

당신의 물리적인 환경 안에 존재하는 모든 것은 소위 '근원'이라 불리는 비물리적 관점으로부터 창조되었습니다. 근원이 이 세상과 당신을 창조한 것처럼, 당신은 창조의 최선단에 위치한 이 시공간 현실 안에서 특정한 창조적 방향으로 당신의 집중된 생각의 힘을 통해 당신의 세상을 계속 창조해가고 있습니다.

- 당신과 소위 근원이라 불리는 것은 같습니다.
- 당신은 근원에서 분리될 수 없습니다.
- 근원은 결코 당신과 분리되지 않습니다.
- 우리가 당신에 대해 생각할 때, 우리는 근원을 생각하고 있는 것입니다.
- 우리가 근원에 대해 생각할 때, 우리는 당신을 생각하고 있는 것입니다.
- 근원은 당신에게 근원과 당신을 분리시키는 어떠한 생각도 결코 제공할 수 없습니다.

저항의 유일한 형태는, 즉 당신과 근원과의 연결을 망각하게 하는 유일한 형태는 물질 세상의 삶을 살아오면서 품게 된 당신의 물리적 관점에서 생겨납니다. 당신은 언제나 근원 에너지를 전면적으로 활용할 수 있는 상태에 있습니다. 그리고 근원의 웰빙 물결은 언제나 기꺼이 당신에게 흘러들고자 합니다. 그래서 당신은 종종 웰빙을 허용하는 상태 속에 있기도 하지만, 때때로 그렇지 않습니다. 우리는 당신이 좀 더 많은 시간 동안 근원과 당신과의 내재적인 연결을 의식적으로 허락하는 삶을 살도록 돕고 싶습니다.

근원 에너지의 물리적 표현으로서, 당신은 이제까지 존재했던 생각을 뛰어넘어 전에는 결코 존재한 적이 없었던 새로운 생각을 취해가고 있습니다. 당신은 물리적 환경 속에 존재하는 대조적 상황을 통해서 자연스럽게 새로운 소망이나 생각에 대한 나름의 결정을 하게 됩니다. 그래서 당신이 자신의 새로운 소망에 진동적으로 일치하게 되면 삼라만상을 창조해낸 비물리적인 근원 에너지가 당신을 통해 흐르게 되는데, 그러한 흐름을 느끼는 순간이 바로 당신이 느끼는 열정과 기쁨과 자신감의 정체입니다. 그런 충만한 느낌 속에서 살아가는 것이 당신의 마땅한 운명이라 할 수 있습니다.

비물리적 세계에 거하는 진정한 당신이 이 물리적 세계 속에서 살아가는 지금의 당신을 창조했습니다. 그래서 이제 물리적 환경 속에 들어온 당신이 창조를 해가고 있습니다. 이곳에서 우리 모두는 반드시 우리 주의를 집중시킬 어떤 대상을, 즉 가슴을 설레게 하는 소망을 가져야만 합니다. 그 이유는 우리가 근원 에너지를 어떤 특정한 방향으로 집중시킬 소망을 지녔을 때, 이 물리적 현실 속으로도 근원의 충만함을 우리들 자신을 통해 흐르게 할 수 있기 때문입니다. 또 그 흐름 속에서 느끼는 커다란 기쁨과 충만감은 근원의 생명에 끊임없는 약동을 불러일으킴으로써 존재하는 모든 것의 창조적인 확장을 불러일으키기 때문입니다. 이렇게 우리가 갖는 소망은 존재하는 모든 것 또는 신이 자신을 창조적으로 영원히 확장해가는 것을 가능하게 만들고 있습니다. 요컨대 우리가 품는 소망은 영원함에 살아 있는 영원한 숨결을 불어넣고 있는 것입니다.

개인적인 선호와 소망의 커다란 가치

당신의 선호나 소망이 가진 가치를 과소평가하지 마세요. 지구별의 진화와 성장은 창조의 최선단 영역에 존재하는 당신들이 자신의 소망의 주파수에 정밀한 초점 맞추기를 계속 해가기에 가능한 일이니까요. 그리고 당신이 살아가는 물리적 세상의 대조적 환경 또는 다양성은 당신이 개인적인 선호나 소망을 탄생시킬 완벽한 환경을 제공합니다. 당신이 대조적인 상황 한가운데 있을 때, 당신으로부터 새로운 소망이 진동적 신호의 형태로 끊임없이 발산됩니다. 그러면 그 신호를 들은 근원이 즉시 응답합니다. 그리고 그 순간 우주는 이전보다 더 확장합니다.

이 책은 확장하는 우주나 당신의 모든 요청에 응답하는 근원 또는 당신의 진정한 가치에 관해 이야기하는 책이 아닙니다. 그것은 이미 기정된 사실이기에 논할 필요가 없습니다. 이 책은 당신이 요청해 온 모든 것을 받아들일 수 있는 진동의 자리로 당신을 들어서게 하는 것에 대해 다루고 있습니다.

의식적 창조과학

우리는 물리적 삶의 환경이 당신 안에 탄생시킨 그 모든 소망을 의식적으로 실현하고 누려갈 수 있도록 당신을 돕고자 합니다. 당신이 자신의 현실을 기쁨 속에서 의식적으로 창조해갈 때 살아나는 깊은 희열과 고양감을 체험하길 바라기 때문입니다. 진실로 당신이 당신의 현실을 창조합니다. 당신의 삶을 당신을 대신해서 창조해 주는 사람은 그 어디에도 없습니다. 설령 당신이 자신의 삶을 창조하고 있다는 사실을 알지 못할 때에도, 당신은 자신의 삶을 창조해가고 있습니다. 그 때문에 당신은 종종 원치 않는 경험을 무자각적으로 창조하기도 합니다.

자신의 생각을 의식적으로 알아차리고, 생각을 의도적으로 선택해 우주에 내보낼 때, 당신은 자신의 현실을 뜻대로 창조해내는 의식적 창조자가 됩니다. 의식적 창조자가 바로 당신이 육체적 몸을 입고 이 세상에 들어오기로 결정했을 때 의도했던 삶입니다.

당신의 소망과 신념은 그저 생각일 뿐입니다. "요청하세요, 그러면 주어집니다!" 여기서 요청은 어떻게 이루어지는 걸까요? 당신의 주의(시선, 마음)를 통해서 요청합니다. 또한 당신의 바람을 통해서 그리고 소망을 통해서 요청합니다. 어떤 일이 일어나길 바라거나 아니면 일어나지 않기를 바랄 때 당신은 주의가 가 있는 바로 그것을 요청하고 있습니다. 당신의 시선이 가는 것은 그게 무엇이든 우주에 요청하고 있는 것입니다. 이것이 요청하는 모습입니다. 굳이 말로 표현하지 않아도 됩니다. 단지 당신의 존재 속에서 그것을 느낄수 있으면 됩니다. '내가 바라는 건 이거야! 난 이게 마음에 들어! 이것이 바로 내가 고맙게 느끼는 거야!' 이러한 것들이 요청입니다. 그리고 그러한 요청이 그 모든 것을 당신에게 끌어들이기 시작하는 기점입니다.

당신이 창조나 확장(성장)에 지루해하는 날은 결코 오지 않을 것입니다. 당신에게 흘러드는 소망에 대한 새로운 아이디어가 끝없이생겨날 것이기 때문입니다. 당신이 갖고 싶거나 경험하고 싶거나 알고 싶은 것들에 대한 각각의 모든 새로운 생각은 이 물리적 현실속에 모두 실현되거나 물질화될 것입니다. 그러한 물리적 구현은그것에 대한 대조를 통해서 또다시 당신 안에 새로운 관점과 새로운 소망이 태어나도록 자극할 것입니다. 이렇게 삶 속의 대조 또는다양성은 결코 끝나지 않을 것입니다. 그로부터 움트는 새로운 소망 또한 끝없이 이어질 것입니다. 그렇기에 "요청하기"도 결코 끝나지 않을 것이며, 그에 대한 "응답"도 결코 멈추지 않을 것입니다. 따라서 당신은 언제나 새로운 관점을 갖게 됩니다. 새로운 대조 상황과 그에 따라 고쳐되는 새로운 소망과 관점이 당신 앞에 영원히 펼쳐집니다. 이런 식으로 영원한 창조적 확장이 지속됩니다.

따라서 당신이 결코 존재하기를 멈출 수 없다는 개념을 편안히 받아들일 수 있다면, 다시 말해서 새로운 소망이 당신 안에서 끊임없이 태어날 것이라는 사실과, 근원은 그 모든 소망에 응답하는 일을 결코 멈추지 않을 것이며, 그에 따라 당신의 성장과 확장이 영원히 펼쳐져 간다는 새로운 생각을 받아들이게 된다면, 당신은 바라는 것들이 아직 실현되지 않은 상황이라고 해도, 바로 지금 이 순간 긴장을 풀고 편안히 존재할 수 있을 것입니다.

우리는 당신이 새로운 소망에 대해 설렘과 기대감 속에 있으면서도, 현재의 당신 자신과 당신이 갖고 있는 것들에 행복해하는 사람이기를 바랍니다. 바로 이것이 최상의 창조를 위한 최고의 지혜이자 최상의 진동적 자리입니다. 요컨대 당신이 소망을 받아들이는 걸 스스로 방해하는 진동 상태라고 할 수 있는 초조함이나 의심 또는 그걸 누릴 만한 자격이나 가치가 없다는 느낌이 전혀 없이, 이제 소망이 나타나기 일보직전에 와 있다는 흥분되는 설렘과 낙관적인 기대 속에서 살아가는 모습이 바로 '의식적 창조과학'이 최상으로 작동되고 있는 상태입니다.

당신은 감정(기분)이 알려 주는 신호에
주의를 기울여감으로써 자신이 현재 살고 있거나
이제껏 살아왔던 모든 것을 절대적으로 정확하게 이해할 수 있습니다.

5장

모든 것을 하나로
묶어 줄 기본적 진실

모 든 것을 관통해 흐르는 하나의 흐름이 있습니다. 그 흐름은 우주 어디에나 존재합니다. 그리고 존재하는 모든 것에 걸쳐서 존재합니다. 이 우주는 그것을 토대로 세워졌으며, 그것은 또한 이 물질세계의 기초이기도 합니다.

일부 사람들은 이러한 에너지의 흐름 인식하지만 대다수의 사람들은 그것이 존재한다는 사실을 아직 모르고 있습니다. 그렇지만 모든 사람들이 이 에너지의 영향을 받으며 살고 있습니다.

세상의 토대를 이해하기 시작할 때, 그리고 우주 만물의 기초인 근원 에너지에 대한 앎을 찾기 시작하거나 근원 에너지를 느끼기 시작할 때, 당신은 자신이 체험하는 것들에 대한 전모를 이해하게 될 것입니다. 뿐만 아니라 당신 주위의 사람들이 겪는 체험들도 더 명확히 이해하게 될 것입니다.

일관적으로 작용되는 창조 공식은
일관적인 결과를 가져다줍니다

수학의 기초 공식을 이해하면 그 공식을 적용한 결과를 성공적으로 알 수 있습니다. 이제 당신은 이 세상을 이해할 수 있는 근본 원리 또는 어떤 공식을 갖게 될 것입니다. 그 공식은 언제나 일관적으로 작용하기에 당신에게 일관적인 결과를 가져다줍니다. 그것은 그렇게 일관적으로 작용하기에 당신은 자신의 미래 경험들을 절대적으로 정확하게 예측할 수 있게 됩니다. 이전에는 이해할 수 없던 과거 경험도 명확히 이해하게 될 것입니다.

당신은 자신의 과거나 미래 속에서 두 번 다시 자신을 희생자로 느끼지 않을 것입니다. 또한 당신의 의사와 무관하게 원하지 않는 어떤 것들이 당신의 삶 속으로 불쑥 뛰어들지도 모른다는 생각에 겁먹거나 위축되는 일도 결코 없을 것입니다. 마침내 당신은 자신이 삶의 모든 경험을 창조해내는 일에 절대적인 통제력을 가지고 있다는 사실을 이해할 것입니다. 그때 당신은 자신의 창조에만 집중하게 될 것입니다. 그리고 당신만의 특정한 소망을 창조해가는 과정에서 당신을 지원하기 위해 우주의 모든 것이 온갖 방식으로 몰려드는 모습을 보면서 절대적인 기쁨을 느끼게 될 것입니다. 누구에게나 이런 잠재력이 있습니다. 이제 몇몇 사람들이 그것을 자각해 가고 있습니다.

삶의 대조적인 체험들로부터 당신 자신만의 개인적인 소망을 명확히 정의해내는 일은 당신에게 아주 만족스러운 체험이 될 것입니다. 그리고 그 소망을 완전히 실현할 수 있다는 사실을 알게 될 때 당신은 매우 만족할 것입니다. 언제나 일관적으로 작용하는 창조의 근본 원리나 공식에 대한 이해와 앎의 자리에 서서, 당신은 이제 소망을 품는 시점에서 완전히 실현될 때까지 걸리는 시간을 단축하게 될 것입니다.

당신은 소망하는 모든 것이 쉽고도 빠르게 자신의 체험 속에 나타날 수 있다는 것을 알게 될 것입니다.

당신은 진동하는 환경에서 사는 진동적 존재입니다

당신은 자신이 근원 에너지와 자신의 내재적 연결을 충분히 허용하고 있는지 그렇지 않은지를 느낄 수 있습니다. 다시 말해서, 당신의 기분이 좋을수록 근원과의 연결을 더 많이 허락하고 있는 것입니다. 기분이 나쁠수록 근원과의 연결을 더 적게 허락하고 있는 것입니다. 기분이 좋다는 것feel good은 근원과의 연결을 허락하고 있다는 것을 의미하며, 기분이 나쁘다는 것$^{feel\ bad}$은 근원과의 연결을 허락하지 않는 저항의 진동 상태에 있다는 것을 의미합니다.

당신은 살과 피와 뼈로 구성된 육체적 형상으로만 존재하는 것처럼 보입니다. 그러나 실상 당신은 매순간 진동하는 "진동적 존재"입니다. 그리고 이 물리적 환경 속에서 당신이 체험하는 모든 것도 진동하고 있습니다. 따라서 당신이 살고 있는 이 물질 세상에 대한 이해는 오직 진동을 해석해낼 수 있는 당신의 능력을 통해서만 가능한 일입니다. 바꿔 말해서, 눈을 통해서 뭔가를 본다는 의미는 자신의 눈을 통해 받아들인 그 대상의 진동을 시각으로 해석해내고 있는 것입니다. 귀를 통해서 뭔가를 듣는 것은 그 대상의 진동을 소리로 해석해내는 것입니다. 마찬가지로 코나 혀나 손가락도 각각 받아들인 진동을 냄새나 맛, 촉각으로 해석해냅니다. 이렇게 진동을 해석해내는 능력을 통해서 당신은 이 세상을 이해합니다. 그런데 당신이 가진 가장 정교한 진동의 해석 장치는 바로 당신의 감정입니다.

진동을 해석하는 장치, 감정

당신은 감정(기분)이 알려 주는 신호에 주의를 기울여감으로써 자신이 현재 살고 있거나 이제껏 살아왔던 모든 것을 절대적으로 정확하게 이해할 수 있습니다. 그래서 감정의 역할에 대한 새로운 지식을 이용하게 되면, 삶의 모든 측면에서 기쁨을 가져다 줄 미래 경험을 이전에는 상상할 수도 없었을 정도로 쉽고 정확하게 창조하게 됩니다.

자신이 느끼는 기분에 주의를 기울여감으로써 이 세상에 온 목적을 충만히 실현시킬 수 있으며 원래 의도했던 창조적 확장을 기쁘고 만족스러운 방식으로 계속해갈 수 있습니다. 그리고 자신의 감정을 통해 진정한 자신과의 연결 정도를 알 수 있다는 것을 명확히 이해하게 될 때, 자신의 삶에 무슨 일이 일어나고 있고, 왜 일어나는지를 이해할 수 있게 됩니다. 그뿐 아니라 주위의 모든 사람들의 삶에 대해서도 명확히 이해하게 될 것입니다. 그리하여 두 번 다시 삶과 세상에 대한 풀리지 않는 의문을 갖는 일이 없을 것입니다. 당신은 현재의 당신과 과거의 당신, 그리고 앞으로 되어갈 미래의 당신에 관한 모든 것을 이해하게 될 것입니다. 존재의 가장 깊은 수준에서, 전체적인 시야를 가진 근원의 관점에서, 그리고 개인적인 삶의 체험을 통해서, 당신은 그러한 모든 것을 이해하게 될 것입니다.

당신이 생각을 통해서 초대하지 않는 한,
그 어떤 것도 당신의 경험 속으로 들어올 수 없습니다.

6장

우주에서 가장 강력한
'끌어당김의 법칙'

각각의 모든 생각은 진동하며, 어떤 신호를 내보내고 있습니다. 그리고 내보내는 신호와 조화를 이루는 것을 다시 끌어들입니다. 그러한 과정이 '끌어당김의 법칙Law of Attraction'입니다.

끌어당김의 법칙이란 "자신과 비슷한 것을 자신에게 끌어당긴다!"는 것을 말합니다. 그렇기에 이 강력한 법칙을 진동이 비슷한 모든 생각을 함께 모아 정렬시켜내는 일을 하는 일종의 우주적 매니저로 보아도 상관없습니다.

이러한 원리는 당신이 라디오를 켜서 여러 채널 중에서 특정 방송을 듣고자 할 때, 그 특정 채널의 주파수에 자신의 수신기 주파수를 의도적으로 맞추어야 들을 수 있다는 사실을 상기해보면 쉽게 이해할 수 있습니다. 당신은 라디오 수신기를 FM 98.6 방송 채널에 맞춘 상태에서 FM 101에서 방송되는 음악을 기대하지 않습니다. 원하는 방송을 듣기 위해선 라디오의 채널을 반드시 원하는 방송에 맞추어야 합니다. 끌어당김의 법칙도 이와 같이 작용합니다.

따라서 당신이 삶의 체험을 통해 새로운 소망을 품게 되고 그것을 실현하고 싶다면, 당신은 반드시 그 소망과 조화를 이루는 주파수로 자신을 일관되게 진동시키는 법을 찾아내야만 합니다.

당신의 주의(시선)는 무엇에 가 있나요?

그게 무엇이든 당신의 시선이 가게 되면, 당신은 그 대상에 담긴 진동에 동조되어 그것의 진동을 방출하게 됩니다. 그리고 당신이 내보내는 진동이 바로 우주에 요청하는 진동과 같은 것이기에 당신의 시선이 가 있는 그것을 당신의 삶 속으로 끌어당기게 됩니다. 요컨대, 당신이 내보내는 진동이 당신의 **끌어당김** 자력(창조의 기점)인 것입니다.

만약 현재 갖고 있지 않은 뭔가를 갖고 싶은 소망이 생겼다면, 당신은 그저 당신이 원하는 것에 시선(주의)을 두면 됩니다. 그러면 끌어당김의 법칙에 의해 그것이 당신의 삶 속에 나타나게 됩니다. 그 이유는 원하는 어떤 물건이나 체험에 대해 생각할 때 당신은 그것의 진동을 우주로 보내게 되며, 그러면 끌어당김의 법칙에 의해 바로 그 물건이나 체험이 당신에게 반드시 끌려오기 때문입니다.

그렇지만, 당신이 원하는 어떤 것이 있는데 당신의 주의가 그 소망이 아닌 '그것이 아직은 없는 현재 상태'에 가 있게 된다면, 당신은 그것이 없다는 진동을 내보내게 됩니다. 그러면 끌어당김의 법칙은 '그것을 갖지 못했다는 진동'에 동조되어 계속해서 그것이 없는 현재 상태를 당신에게 공급해줍니다. 그래서 당신의 소망은 실현되지 못합니다. 이것은 불변의 우주 법칙입니다.

내가 현재 무엇을 끌어당기고 있는지 어떻게 알 수 있나요?

당신이 바라는 것을 당신의 삶 속으로 불러들이는 열쇠는 소망의 주파수에 어울리는 진동 상태로 자신을 진동시키는 것입니다. 다시 말해서, 당신이 자신의 소망에 진동적인 조화를 성취해내는 것이 그 열쇠입니다. 소망을 이루는 가장 쉬운 방법은 소망하는 것을 누리고 있는 자신의 모습을 상상하는 것입니다. 삶 속에서 이미 소망의 성취를 경험하고 있는 듯이 실감나게 연기해보며, 그것을 경험하고 있는 자신의 기쁨과 즐거움을 향해서 생각을 의식적으로 이끌어 가는 것입니다. 그렇게 자신의 생각을 의식적으로 지휘하는 연습을 해가면, 소망에 상충되지 않는 기쁨의 진동을 일관되게 내보내기 시작할 것이며, 소망하는 것이 당신의 체험 속으로 들어오는 걸 허락하는 진동 상태에 있게 됩니다.

그러므로 당신이 느끼는 기분에 주의를 기울이게 되면, 자신의 주의가 소망하는 것에 가 있는지, 아니면 소망하는 것이 없다는 쪽에 가 있는지 쉽게 알 수 있습니다. 당신이 소망의 주파수에 진동적으로 일치하는 생각을 하고 있을 때에는 기분이 좋아집니다. 당신은 만족감이나 낙관적 기대감, 삶에 대한 열의, 그리고 기쁨의 감정들 사이에 머무르게 됩니다. 하지만 소망하는 것이 없다거나 부족하다는 쪽으로 주의가 가면, 당신은 염세주의나 걱정, 낙담, 화, 불안감 또는 우울함 같은 감정들 사이를 오가게 될 것입니다.

따라서 당신이 어떤 감정을 느끼고 있는지 의식적으로 알아차리게 되면, 당신은 창조 과정의 세 번째 단계인 '허용하기'부분에서 자신이 어떻게 하고 있는지를 언제나 명확히 알게 됩니다. 그래서 두 번 다시 일들의 결말이 왜 그렇게 되었는지에 대해 잘못 이해하는 일이 없게 될 것입니다. 당신의 감정은 당신을 위해 경이로운 안내 시스템으로 작용합니다. 그렇기에 당신이 감정에 주의를 기울인다면, 자신이 원하는 모든 것을 삶 속에 구현하는 길로 당신 자신을 안내해 갈 수 있게 됩니다.

원하는 것이든 원치 않는 것이든,
당신이 생각하는 것을 얻게 된다

강력한 우주 법칙인 끌어당김의 법칙에 따라, 당신은 그게 무엇이든 자신이 주로 생각하고 있는 것과 본질이 같은 것을 자신에게 끌어당깁니다. 당신이 주로 생각하는 것이 원하는 삶에 관한 것이라면, 당신의 체험은 자신이 원하는 그것을 반영해 줍니다. 반면에 주로 원하지 않는 것을 생각한다면, 당신의 삶도 원하지 않는 것들로 채워질 것입니다.

그게 무엇에 관한 것이든 지금 당신이 하고 있는 생각은 앞으로 당신이 무엇을 경험할 것인지에 대해 계획을 세우는 것과 같습니다. 감사하고 있을 때 당신은 미래 삶을 계획하고 있는 중입니다. 걱정하고 있을 때도 마찬가지입니다(걱정의 의미는 바라지 않는 어떤 것을 창조하기 위해 당신의 상상력을 사용하고 있는 것입니다.).

모든 생각, 아이디어, 사람, 사물은 실상 매순간 진동하고 있습니다. 따라서 어떤 대상에 당신의 시선(주의)이 가게 되면, 그게 아주 짧은 시간일지라도 당신은 시선이 가 있는 대상에 담긴 진동을 반영하기 시작합니다. 그것에 대해 더 많이 생각할수록, 당신은 더 많이 그것처럼 진동하게 되며, 그것처럼 진동하면 할수록 그것과 비슷한 것들이 당신에게 더 많이 끌려오게 됩니다. 이렇게 가속화되는 끌어당김의 경향성은 당신이 그것과 전혀 다른 진동을 발산할 때까지 계속해서 커집니다. 그래서 그것과 다른 진동을 당신이 내보내면, 즉 당신의 시선이 다른 것으로 향하거나 이전과 다른 생각을 품게 되면, 이제 그러한 새로운 진동에 조화를 이루는 것들이 당신에게 새롭게 끌려오게 됩니다. 당신에 의해 그렇게 되는 것입니다.

끌어당김의 법칙을 명확히 이해하게 될 때, 당신은 자신의 경험 속에 어떤 것이 등장하든 결코 놀라지 않을 것입니다. 삶의 모든 경험이 자신이 선택한 생각을 통해 초대됐다는 것을 알기 때문입니다. 당신이 생각을 통해서 초대하지 않는 한, 그 어떤 것도 당신의 경험 속으로 들어올 수 없습니다.

강력한 끌어당김의 법칙은 어떠한 예외도 존재하지 않기에 누구든지 이 법칙을 쉽게 이해할 수 있습니다. 그래서 일단 당신이 '누구든지 자신이 생각하는 것을 갖게 되거나 경험하게 된다'는 것을 확연히 이해하게 될 때, 그리고 자신이 무엇에 관해 생각하고 있는지 명확히 의식하게 될 때, 비로소 당신은 자신의 모든 경험을 절대적으로 통제해가는 것을 연습할 수 있는 자리에 들어선 것입니다.

서로 다른 진동 상태에 대한 자각의 중요성

몇 가지 예를 들어, 서로 다른 진동 상태에 대해 설명해 보겠습니다. 당신이 파트너에 대해 '감사'하는 생각 속에 있을 때의 진동과 파트너의 어떤 측면이 마음에 들지 않아서 '달라졌으면' 좋겠다는 생각을 하고 있을 때의 진동은 아주 큰 차이가 있습니다. 당신이 파트너와의 관계에서 체험하고 있는 것은 예외 없이 모두 그 관계 속에서 당신이 주로 생각하고 있는 것을 반영하고 있습니다. 비록 당신이 그런 생각을 의식적으로 하지는 않았다고 해도, 문자 그대로 당신은 생각을 통해서 자신의 관계 체험을 창조하고 있기 때문입니다.

또한 당신이 현재 재정 상태가 나아지길 바라면서 이웃에 사는 부자에게 질투심을 자주 느낀다면, 당신의 재정 상태는 개선될 수 없습니다. 당신의 소망에 담긴 진동과 질투심의 진동은 서로 현격히 다르기 때문입니다.

당신이 자신의 진동 상태에 대해 이해하게 되면 원하는 삶을 쉽게 창조할 수 있습니다. 이것을 이해하고 연습해 간다면, 머지않아 당신은 자신이 품는 모든 소망이 쉽게 실현된다는 사실을 알게 될 것입니다. 실상 당신이 될 수 없고, 할 수 없고, 가질 수 없는 것은 아무것도 없기 때문입니다.

당신은 근원 에너지를 불러내는 존재입니다
- 당신은 의식입니다.
- 당신은 에너지입니다.
- 당신은 진동입니다.
- 당신은 전자석입니다.

- 당신은 근원 에너지입니다.
- 당신은 창조자입니다.
- 당신은 생각으로 일궈가는 창조의 최선단에 서 있습니다.

우주 만물을 창조한 근원 에너지가 있습니다. 그 에너지는 언제나 진화하고, 영원히 이전보다 더 확장된 무엇으로 되어가는 이 우주의 모든 곳에 스며있습니다. 그러한 근원 에너지를 당신은 자신만의 독특한 소망이나 특정한 관점을 통해 가장 능동적으로 불러내 사용해가는 존재입니다.

당신은 이제껏 존재한 모든 생각의 한계를 넘어 이전에는 없었던 새로운 생각을 이끌어낼 목적으로 창조의 최선단 영역인 지구라는 물리적 시공간 속에 들어와 자신을 표현해 가고 있는 창조의 천재입니다.

처음에는 다소 낯설게 느껴질지도 모르겠지만, 당신 자신을 진동적 존재로 받아들이면 큰 도움이 됩니다. 당신이 살고 있는 이 우주는 실상 매순간 진동하는 진동적 우주이고, 이 우주를 관장하는 법칙들도 진동에 기초해 작용하고 있기 때문입니다.

당신이 우주 법칙들을 명확히 알고 일들이 일어나고 반응하는 방식이 왜 그런지 이해하게 되면, 당신의 그 모든 의문과 혼란이 명료함과 이해로 바뀔 것입니다. 의심과 두려움은 확연한 앎과 확신으로, 불확실성은 확실성으로 바뀔 것입니다. 그래서 기쁨이 당신 체험의 기본적 전제로 되살아나 자리 잡게 될 것입니다.

소망과 믿음이 진동적으로 일치할 때

'자신과 비슷한 것이 자신에게 끌려온다'는 것이 모든 체험을 관통해 작용하는 끌어당김의 법칙입니다. 그러므로 소망을 실현하기 위해서는 당신 존재의 진동을 반드시 소망의 진동에 일치시켜야 합니다. 당신이 어떤 것을 바라면서 주로 그것이 없는 현재 상황에만 초점을 맞춘다면, 그 소망은 실현될 수 없습니다. 소망하는 것이 '없다'는 것에 담긴 진동 주파수와 그것이 '있다'는 것에 담긴 진동 주파수는 서로 아주 다르기 때문입니다. 이것을 달리 표현하면, 당신이 바라는 것을 받아들이기 위해서는 당신의 소망과 믿음이 서로 진동적으로 일치해야만 합니다.

창조 원리에 대한 더 큰 그림을 묘사해 보겠습니다. 당신은 살아가면서 자신만의 신성하고 독특한 관점에 서서, 의식적이든 무의식적이든 개인적인 선호를 불러일으키는 경험을 해가고 있습니다. 그래서 소망이 태어나면, 당신을 사랑하는 근원이 그것을 듣고 당신의 진동적이고 전자기적인 요청에 즉시 응답하게 됩니다. 당신이 소망을 말로 표현하든 그렇지 않든, 근원은 당신이 내보내는 소망의 진동을 정확히 알고 있습니다.

그렇기에 당신이 요청하는 것은 무엇이든, 그것을 말로 표현했든 아니면 미묘한 욕구적인 느낌으로 요청했든, 근원은 당신의 모든 소망을 알아듣고 응답합니다. 언제나, 어떠한 예외도 없이 말이죠. 당신이 요청하면 그것은 언제나 주어집니다.

'존재하는 모든 것'은 당신이 존재함으로 혜택을 얻는다

당신은 독특한 체험들과 환경 속으로 자신을 노출시킴으로써 자신 안에 특정한 소망이 태어나도록 끊임없이 자극합니다. 그래서 새로운 소망이 정의되면 근원이 그것에 응답합니다. 그 결과 우리 모두가 초점을 맞추고 있는 이 우주가 확장하게 됩니다. 이 얼마나 놀라운 일입니까!

당신이 현재 살고 있는 이 시공간의 현실과 문화, 그리고 당신이 현재 일들을 바라보는 방식은 아주 오랜 세대에 걸쳐서 진화해왔습니다. 그리고 이러한 모든 것을 통해서 당신 자신만의 독특한 관점이 형성되었습니다. 지금 이 자리에서 당신의 관점을 형성시킨 과거의 모든 소망과 결론과 관점을 다시 추적해내기란 사실상 불가능합니다. 하지만 여기서 우리가 말하고자 하는 가장 중요한 부분은, 현재 당신이 가진 독특한 관점을 탄생시킨 것이 과거의 그 무엇이 됐든, 그것이 이미 형성되어 있다는 사실입니다. 이 순간 독특한 관점을 지닌 당신이 존재하고 있습니다. 그런 관점을 통해서 당신은 뭔가에 대해서 생각하고, 인식하고, 요청합니다. 그러면 우주가 듣고 그것에 응답합니다. 그래서 존재하는 모든 것이 당신의 독특한 존재와 관점으로 인해 이로움을 얻고 있는 것입니다.

따라서 당신이 얼마나 중요한 존재인가는 어떤 식으로든 의문의 여지가 없는 너무도 당연한 진실입니다. 우리는 당신 존재의 엄청난 가치를 알고 있습니다. 이 우주를 창조해낸 근원 에너지가 당신의 모든 소망에 응답하는 건 너무도 당연하다는 것을 알고 있습니다. 당신은 그런 대우를 받을 마땅한 자격과 가치가 있습니다. 그리고 우주는 실상 매순간 당신의 모든 소망에 응답해왔고 지금도 그러합니다. 하지만 많은 사람들이 여러 가지 이유를 들어 자신들이 요청한 것들에 대해 스스로 받을 만한 자격이나 가치가 없는 존재라고 믿고 있습니다. 그래서 그들은 근원이 이미 응답한 소망을 받아들일 수 없는 진동 상태에 자신을 묶어 두고 있습니다.

자연스런 웰빙을 허락하는 '허용의 기술' 재발견하기

당신은 이 우주에 존재하는 근원의 행복물결인 웰빙을 자신에게 흐르도록 허락해주는 내재적인 능력을 가지고 태어났습니다. 당신의 그런 능력을 다시 발견하고 웰빙이 당신의 체험 속으로 꾸준히 제한 없이 흐를 수 있도록 허락해 주길 바랍니다. 우리는 이것을 '허용의 기술Art of Allowing'이라 부릅니다. 웰빙은 당신이 나온 곳과 당신이라는 존재의 모든 미세입자들을 구성하고 있습니다. 그것은 당신 존재의 영원성과 함께 지금껏 당신을 통해 흘러왔고 앞으로도 계속 당신을 통해 흐를 것입니다. 그러한 근원의 웰빙 물결을 자신에게 흐르도록 허락하는 기술이 바로 '허용의 기술'입니다. 허용의 기술은 당신이 마땅히 누리고 살아야 할 근원의 웰빙에 더 이상 저항하지 않는 기술입니다. 근원의 웰빙은 당신에게 너무나 자연스러운 것입니다. 그것은 당신의 선천적인 유산입니다. 그것은 당신의 근원이며, 당신이라는 존재 그 자체입니다.

우리가 지금까지 말한 것을 이해하기 위해 어떤 기초적인 과정이나 코스를 들어야 할 필요는 전혀 없습니다. 이 책은 당신이 어떤 삶의 상황에 처해있든 상관없이, 지금 있는 그 자리에서 마땅히 누려야 할 근원의 웰빙을 당신이 받아들일 수 있도록 씌어졌기 때문입니다. 당신은 이미 이 책에서 제공하는 정보를 받아들일 준비가 되어 있고, 이 정보도 당신 존재 속으로 스며들 준비가 되어 있습니다.

7장

당신은 생각으로 일궈가는
창조의 최선단에 있다

우리는 당신이 현재 서 있는 자리를 '생각으로 일궈가는 창조의 최선단'이라 부르고 싶습니다. 물리적 몸과 환경 속에서 물리적 체험을 해가고 있는 당신은 근원인 우리 자신이 가장 멀리까지 뻗어 나와 현현된 모습이라 말할 수 있기 때문입니다.

이제껏 존재했던 그 모든 것이 지금 이 순간의 당신을 최정점으로 해서 수렴되어져 있습니다. 그리고 당신이 이번 생에 가졌던 모든 경험은 지금의 당신을 최절정으로 해서 모두 이어져있습니다. 이와 같이 "존재하는 모든 것" 또는 우주가 이제껏 경험해 온 그 모든 것은, 오늘날 지구에서 체험할 수 있는 온갖 형태의 물리적 삶을 최고점으로 해서 모두 수렴되고 있습니다.

지구에서 살아가는 모든 사람들이 새로운 소망을 갖도록 자극하는 체험을 하고 있을 때, 그것은 근원 에너지를 이 물리적 지구로 집단적으로 불러내고 있는 것입니다. 이러한 근원 에너지의 호출은 문자 그대로 지구의 진화라고 말할 수 있습니다. 따라서 당신이 사람들과 더 많이 교류할수록 당신의 개인적인 선호도 더 많이 확인되며, 그에 따른 소망의 진동도 그 만큼 더 많이 송출됩니다. 그러면 그 모든 소망에 반응하는 근원의 응답도 그 만큼 더 많아집니다. 마찬가지로, 이제 강력한 근원 에너지의 흐름이 지금 당신 앞으로 흘러들고 있습니다. 그러한 자리에서 당신은 개인적이고 개별적인 선호와 소망을 받게 될 것입니다.

다시 말해서, 아주 많은 사람들이 살아왔고 지금도 살아가고 있기에, 그들이 정의해낸 수많은 소망이 근원 에너지를 호출해내는 힘으로, 당신의 미래 체험이 웰빙으로 펼쳐지는 혜택을 누리게 된다는 것입니다. 이와 같은 방식으로, 현재 당신이 품는 소망은 앞으로의 세대가 그로부터 은혜를 입을 근원 에너지의 흐름을 제공해 줄 것입니다.

당신이 소망할 수 있는 것은 우주가 공급해줄 수 있습니다

삶의 환경이 당신 안에 어떤 진지한 소망을 불러일으켰다면, 우주는 그것을 제공해 줄 수단이 있습니다. 더 나은 무엇에 이르고자 하는 당신의 능력은 그 이전에 성취했던 모든 것들과 더불어 확장해 가고 있습니다. 그런 확장이 이제 막 우주의 힘을 이해하기 시작한 사람들에게는 아슬아슬하게 느껴질지도 모릅니다. 하지만 근원의 웰빙이 자신들의 삶 속으로 끊임없이 흘러들 것임을 알고 설렘 속에서 기대하며 살아가는 사람들에게는 그것이 절대적으로 자연스럽게 느껴질 것입니다.

웰빙의 흐름은 그것이 흐르고 있다는 사실을 당신이 모르고 있을 때조차도 언제나 당신을 향해 흐릅니다. 만약 당신이 그러한 진실에 눈뜨고 의식적으로 그 흐름에 자신을 진동적으로 일치시킨다면, 창조를 위한 당신의 노력은 훨씬 더 만족스러운 결과를 가져올 것입니다. 당신이 웰빙의 흐름에 진동의 일치를 이루게 될 때, 당신이 소망하는 것은 무엇이든 이루어질 수밖에 없기 때문입니다.

당신이 알든 모르든 작용하는 진실

당신 이전 세대가 씨앗을 뿌리고 진행해 온 소망의 물리적 구현에 따른 혜택을 누리기 위해서, 영원히 확장하는 이 우주의 복잡한 전모를 모두 이해할 필요는 없습니다. 하지만 당신 앞에 펼쳐져 있는 근원의 웰빙 흐름과 함께 갈 수 있는 방법은 반드시 찾아내야 합니다. 그런 노력의 일환으로, 우리는 다음의 진실을 말씀드립니다.

"이 우주에는 영원히 흐르고 있는 단 하나의 웰빙의 흐름만이 존재합니다. 당신은 그것이 당신의 삶 속으로 흘러드는 걸 허용할 수도 있고 저항할 수도 있습니다. 하지만 웰빙은 당신의 선택에 관계없이 계속해서 흐릅니다."

당신은 불이 밝게 켜진 방으로 들어가서 '어둠의 스위치'를 찾지는 않을 것입니다. 다시 말해서, 방안의 밝은 빛을 뒤덮기 위해 칠흑 같은 어둠을 불러올 스위치를 찾아내길 기대하지는 않을 것입니다. 당신이 스위치를 찾는 건 방안이 어두울 때일 것입니다. 그런데 당신은 빛에 대항하는 어떤 스위치를 찾으려 합니다. 왜냐하면 빛이 없는 곳에 어둠이 있기 때문이죠. 이와 비슷하게, '악'의 실체가 어딘가에 별도로 존재하는 건 아니지만, 당신이 '선'이라고 믿는 것들에 저항할 수는 있습니다. 마찬가지로, 질병의 실체 역시 따로 존재하지 않지만, 자연스런 건강 상태에 당신이 저항할 수는 있습니다.

요청하지 않으면, 응답받을 수 없습니다

때때로 사람들은 에스더가 아브라함의 지혜를 수신해 받을 수 있다는 사실과 그 내용을 말로 전달해주거나 책으로 만들어 많은 이들에게 도움을 주고 있는 점에 대해 고마워하며 찬사를 보냅니다. 물론 우리도 그것에 대해 감사합니다. 하지만 우리는 에스더가 우리의 진동을 받아들여 해석해내는 과정은 이러한 일의 일부에 지나지 않는다는 점을 분명히 말하고 싶습니다. 다시 말해 그녀가 우리의 메시지를 받아들이기 이전에 사람들이 요청하지 않았다면 어떠한 응답도 없었을 것입니다.

현 시기를 살아가는 사람들은 이전 세대들이 체험한 것들로부터 큰 혜택을 받고 있습니다. 이전 세대들은 자신들이 살던 삶을 경험해 가면서 어떤 소망들을 갖게 되었고, 그 소망들을 통해 근원 에너지가 호출되기 시작했기 때문입니다. 그래서 오늘날의 당신들은 이전 세대들이 요청했던 것들의 결실을 누리는 창조의 최선단에 있는 사람들입니다. 마찬가지로, 오늘날의 당신들 또한 그러한 결실의 바탕 위에서 새로운 소망을 정의해내면서 끊임없이 요청하고 있습니다. 그래서 지금도 근원의 생명력을 물리적 삶 속으로 계속 불러들이고 있습니다. 이런 식으로 계속해서 창조가 일어납니다. 따라서 만약 당신이 소망을 삶 속으로 허용하는 길을 찾아낼 수 있다면, 마치 쏟아져 내릴 듯한 어마어마한 양의 근원의 웰빙 물결을 삶 속에서 실제로 누려갈 수 있도록 모든 수확의 준비가 이미 되어 있습니다. 다시 말해 당신이 소망의 주파수에 진동적으로 일치되기만 한다면 말이죠. 그런데 왜 그럴 준비가 된 사람을 많이 볼 수가 없고, 그에 관한 이야기를 나눌 수 있는 사람도 많이 만날 수 없는 걸까요? 그것은 웰빙을 누릴 수 있는 의식적 창조의 선단에는 결코 많은 사람들이 몰려들지 않기 때문입니다. 그래서 그런 이야기를 나눌 수 있는 사람들을 많이 만날 수 없었던 것입니다.

지금 이 시기에는 삶 속에서 극심한 어려움이나 상처를 겪고 있는 사람들이 꽤 많습니다. 그들이 살고 있는 삶의 강렬한 대조적 상황은 그들 안에 매우 강렬하고 집중된 요청을 불러일으킵니다. 그러한 그들의 절실한 요청에 근원도 마찬가지로 신속하고 강렬하게 응답합니다. 하지만 자신들의 소망을 그렇게 강력히 요청하였음에도 그들은 일반적으로 소망을 받아들이는 진동 상태에 있기보다는 현재 경험하고 있는 어려움이나 상처에 그들의 주의가 가 있습니다. 그렇기에 자신들의 요청에 응답된 이익을 삶에서 누리지 못합니다. 실상 그들의 요청에 대한 이익을 누리는 사람들은 다음의 미래 세대들과 현 세대 중에서도 자신들의 소망에 진동적으로 정렬된 일부의 사람들뿐입니다.

우리는 당신의 이해를 돕기 위해 다음의 진실을 말씀드립니다.
이 우주에는 당신들 모두가 언제라도 마음껏 사용할 수 있는 무궁무진한 근원의 웰빙과 풍요가 실재하고 있습니다. 하지만 그것을 실제로 삶에서 누리기 위해서는, 먼저 당신이 그것들을 받아들일 수 있는 진동 상태에 있어야 합니다. 그것에 저항하면서 동시에 받아들이는 일은 결코 가능하지 않기 때문입니다.

수문을 활짝 열어 삶 속으로 근원의 웰빙이 흘러들게 하세요

당신 자신을, 그리고 지금 당신이 있는 삶의 자리를, 강력한 웰빙 흐름의 수혜자로 바라보세요. 이 강력한 흐름 속에 잠겨 그 흐름을 느긋이 음미하고 있는 자신을 상상해보세요. 당신 자신을 이 무한한 흐름의 선도적인 수혜자로 느끼려고 해보세요. 그리고 미소를 지으며 자신이 그것을 충분히 누릴 가치가 있는 존재라는 진실을 받아들이세요.

당신이 자기 자신을 강력하고 무한한 웰빙 흐름을 누릴 충분한 가치가 있는 존재로 느끼는 것은 분명히 현재 당신의 삶의 상황이 어떤가에 따라 크게 영향 받을 것입니다. 어떤 상황 속에서는 아주 축복받은 존재로 느낄 것이며, 또 다른 상황 속에서는 별로 축복받지 못한 존재로 느낄 것입니다. 하지만 이 책을 통해서 다음의 진실을 명확히 이해했으면 합니다.

"당신이 축복받은 존재라고 느끼는 정도와 좋은 일들이 일어날 거라고 긍정적으로 기대하는 정도가, 당신이 근원의 흐름을 얼마나 많이 자신에게 허용하고 있는지를 보여 주는 지표입니다. 반면에 좋은 일을 기대하지도 않고 축복받지 못한 존재라고 스스로 느끼고 있을 때 그 느낌의 강도는 근원의 흐름에 대해 당신이 저항하는 정도를 보여 주는 신호입니다."

그리고 이 책을 계속 읽어나감에 따라, 근원의 흐름을 허용하지 않는 습관적인 생각은 어떤 것이든 다 놓아버릴 수 있다는 것을 느끼게 되길 바랍니다.

만약 당신이 물리적 삶을 살아오면서 웰빙의 흐름과 진동적으로 어울리지 않은 저항의 생각을 품지만 않았다면, 지금 당신은 그 흐름을 완전히 받아들여 삶 속에서 웰빙만을 누려가고 있을 것입니다. 문자 그대로 근원이 그대로 뻗어 나와 물리적으로 표현된 존재인 당신은 근원의 흐름과 언제나 연결되어 있기 때문입니다.

당신의 선천적인 유산인 무한한 웰빙의 행복물결을 삶 속으로 허용할 것인지 거부할 것인지는 전적으로 당신에게 달려 있습니다. 당신 주위의 사람들이 어느 정도 영향을 미칠 수는 있습니다. 하지만 그 영향은 당신의 허락 여부에 따라 좌우됩니다. 결국 그 모든 것은 당신이 어떻게 하느냐에 달려 있습니다. 당신은 자신을 향해 기꺼이 흘러들고자 하는 거대한 근원의 수문을 활짝 열어 웰빙이 당신의 삶 속으로 흘러들게 할 수 있습니다. 아니면 그것을 계속 가로막게 될 저항의 생각을 붙잡고 살 수도 있습니다. 그렇지만 근원의 흐름은 당신이 허용하든 저항하든 이에 상관하지 않고 늘 당신에게 흐르고 있습니다. 단 한순간도 멈추지 않고, 결코 지치지도 않고 한결같이 당신을 향해 흐르고 있습니다. 사랑과 신뢰 속에서 당신이 다시 재고해 주기만을 기다리며, 웰빙의 흐름은 언제나 당신 곁에 당신과 함께 있습니다.

당신은 언제나 새로운 삶을 펼쳐갈
완벽한 자리에 서 있습니다

당신이 근원의 생명력인 웰빙 흐름에 연결되는 삶을 허락하기 위한 전제 조건으로서 당신을 둘러싼 외부 환경이나 상황이 바뀌어야만 하는 것은 아닙니다.

당신은 지금 감옥에 있을 수도 있습니다. 치명적인 불치병을 진단받았다거나 재정적인 파산 상태에 직면해 있을 수도 있습니다. 또는 이혼 와중에 있을 수도 있습니다. 설령 당신이 그런 상황에 처해 있다고 할지라도, 당신은 여전히 새롭게 시작할 수 있는 완벽한 자리에 있습니다. 현재 당신이 서 있는 바로 그 자리에서 말입니다! 그 시작을 위해 많은 시간이 필요한 것도 아닙니다. 단지 우주 법칙에 대한 단순한 이해와 근원과의 연결을 허락하는 허용의 상태 속으로 나아가겠다는 단호한 결정만 있으면 됩니다.

당신이 어떤 곳을 가기 위해 자동차를 운전할 때, 당신은 출발하는 장소와 도착할 목적지를 알고 있습니다. 그리고 출발한 즉시 곧바로 목적지에 도착하지는 않는다는 것도 알고 있습니다. 목적지까지는 상당한 거리가 있기에 얼마간의 시간이 지난 후에야 도착할 것이라는 사실을 알고 있는 것이죠. 비록 가는 도중에는 그곳에 제대로 가지 못할까 봐 걱정할 수도 있고 지루해할 수도 있습니다. 그렇다고 해서, 중간에 방향을 돌려 원래 출발지로 되돌아 갈만큼 심하게 낙담하거나 실망하지는 않을 겁니다. 만약 가는 도중에 차를 돌려 뒤로 갔다가 앞으로 가고, 다시 뒤돌아갔다가 또다시 앞으로 가기를 계속 반복한다면, 당신은 결코 목적지에 도착하지 못합니다.

당신은 결코 목적지를 향해 가는 여행에서 그곳에 도착할 능력이 없다고 말하지 않습니다. 출발지에서 목적지까지 거리가 얼마인지 알고 있기에 당신은 목적지를 향해 계속 나아갑니다. 그곳에 제대로 가기 위해 자신이 해야 할 일이 무엇인지 알고 있고, 그 일을 해갑니다. 이처럼 당신이 지금 있는 삶의 자리에서 앞으로 살고 싶은 삶의 자리로 나아가는 여정도 아주 쉽게 이해될 수 있습니다. 또한 쉽게 성취될 수 있습니다. 당신이 이 사실을 명확히 알았으면 합니다.

8장

당신은 진동적
송신기이자 수신기이다

이제 당신은 삶의 체험을 스스로 통제하고 창조하면서, 즐기기 위해 요구되는 가장 중요한 부분을 이해할 준비가 되었습니다.

당신은 이제껏 자신으로 알아왔던 육체적 존재를 훨씬 뛰어넘는 존재입니다. 그것은 당신이 진동적 존재라는 사실입니다. 누군가가 당신을 바라볼 때 그들은 그들의 눈으로 당신을 보고 귀로 당신의 말을 듣지만, 당신은 그렇게 눈으로 보거나 귀로 들을 수 있는 것보다도 훨씬 더 강력한 방식으로 그들에게 그리고 우주로 당신 자신을 드러내고 있습니다. 다시 말해서, 당신은 진동적인 송신기입니다. 당신은 당신 존재의 각각의 순간마다 당신의 신호를 우주로 송출해내고 있습니다.

당신이 물리적인 몸에 초점을 맞추고 살아갈 때 깨어있는 동안에는 항상 매우 독특하면서도 쉽게 확인할 수 있는 어떤 신호를 내보내고 있습니다. 그러한 신호는 우주에 의해 즉시 받아들여지고 이해되며, 그래서 응답됩니다. 그러면 즉각적으로, 당신의 현재와 미래의 환경도 그 순간 당신이 내보내는 신호에 반응해 변하기 시작합니다. 그래서 우주 전체가, 바로 이 순간 당신이 내보내는 신호에 영향을 받게 됩니다.

당신은 지금에 초점을 맞추고 있는, 영원한 개성적 존재입니다

당신의 현재와 앞으로의 세상은 당신이 지금 내보내는 신호에 의해 직접적으로 그리고 명확히 영향을 받습니다. 그러한 당신이라는 개성적 존재는 진실로 영원한 개성적인 실체입니다. 하지만 지금 이 순간 당신이란 존재와 당신이 생각하는 것은 매우 강력한 에너지를 특정한 방향으로 집중시키고 있습니다. 당신이 집중시키고 있는 이 에너지는 우주 만물을 창조해낸 근원 에너지와 동일한 에너지입니다. 그러한 에너지 집중을 통해서 당신은 바로 지금 이 순간, 당신 자신의 세상을 창조하고 있습니다.

당신 안에는 스스로 쉽게 이해할 수 있는 안내 시스템이 내재되어 있습니다. 안내 시스템은 당신이 근원 에너지를 어떤 방향으로 집중시키고 있는지 알려줍니다. 또한 그 힘이나 강도가 어느 정도인 지도 알 수 있도록 도와줍니다. 무엇보다도 안내 시스템의 가장 중 요한 기능은 당신이 선택한 생각이 근원 에너지의 흐름에 일치된 생각인지 아닌지를 알 수 있도록 당신을 돕는다는 점입니다.

바로 당신이 느끼는 느낌(기분)이 그러한 안내 시스템 역할을 합니다. 다시 말해서, 당신의 기분이 당신이 어떤 순간에 근원에 일치되어 있는지를 알려주는 표시라는 것입니다. 또한 당신이 바라는 소망들과 의도들에(그것이 당신이 태어나기 전에 영혼차원에서 품었던 것이든 아니면 현재 이 순간에 품고 있는 것이든 상관없이) 당신 자신이 진동적으로 일치되어 있는지를 알려주는 진정한 표지판입니다.

확고한 신념도 한때는 작고 유동적이었다

당신이 이제껏 품어 왔던 모든 생각은 사라지지 않고 당신 안에 계속 존재합니다. 그래서 어떤 생각에 집중할 때마다 당신 안에 존재하는 그 생각의 진동이 다시 활성화됩니다. 그러므로 당신이 현재 집중하는 생각은 어떤 것이든 단지 하나의 활성화된 생각일 뿐입니다. 따라서 당신이 그 생각에서 다른 생각으로 주의를 돌리면, 그 생각은 다시 잠재적인 상태로 되거나 더 이상 활성화되지 않는 상태가 됩니다.

어떤 생각을 의식적으로 활성화되지 않게 하는 유일한 방법은 다른 생각을 활성화시키는 것입니다. 말하자면, 어떤 생각에서 자신의 주의를 의식적으로 거두는 유일한 길은 주의를 다른 곳으로 돌리는 것입니다.

어떤 것이든 당신의 주의가 가게 되면, 처음에는 진동이 강하지 않지만, 그것에 대해 계속 생각하거나 말하게 되면 진동이 점점 더 강해집니다. 따라서 어떤 주제가 됐든 충분히 주의를 기울이게 되면, 그것은 하나의 지배적인 생각이 됩니다. 당신이 어떤 생각에 더 많은 주의를 기울일 때, 그리고 그 생각에 계속 초점을 맞추어 그 진동에 익숙해질 때, 그것은 당신이 내보내는 진동에 있어 훨씬 커다란 부분을 차지하게 됩니다. 이제 당신이 그렇게 연습하고 숙달시킨 생각은 하나의 신념이 될 정도로 커지게 됩니다.

생각은 오래 할수록 더 강해집니다

생각이 확장해 가는 배후에는 끌어당김의 법칙이 작용합니다. 따라서 당신이 어떤 생각에 주의를 기울이면 그 순간 당신은 그것의 진동에 공명하게 됩니다. 그래서 그 진동이 당신의 진동으로 활성화되어 송출되기 시작합니다. 그렇기에 어떤 것에 대해 더 오래 생각하면 할수록, 그리고 자주 반복할수록, 당신은 그 생각에 진동적으로 더 강하게 일치됩니다.

어떤 생각과 강하게 일치를 이루면, 자신의 근원에 진동적 일치가 증가되었거나 감소된 정도를 알려 주는 감정(기분)을 느끼게 됩니다. 다시 말해서, 어떤 주제에 대해 당신이 더 많이 주의를 기울이게 되면, '진정한 당신 자신'에 자신이 얼마나 조화를 이루고 있는지 알려 주는 당신의 감정도 더 강해진다는 것입니다. 만약 당신이 주시하는 주제가 근원이 알고 있는 것과 진동적으로 부합한다면, 당신은 기분 좋은 느낌의 형태로 그 주제에 대한 당신의 생각이 조화를 이루고 있음을 느끼게 될 것입니다. 하지만 그 주제에 대해 당신이 품고 있는 생각이 근원의 앎과 다른 진동이라면, 당신은 기분 나쁜 느낌의 형태를 통해 그 부조화를 느끼게 될 것입니다.

주의를 기울이는 것은 초대하는 것입니다

당신의 주의나 시선이 가는 각각의 모든 생각은 확장해가면서 당신의 진동 비율에 있어서 더 큰 부분이 됩니다. 그것이 원하는 것에 관한 생각이든 아니면 원치 않는 것에 관한 생각이든 상관없이, 당신이 주의를 기울이는 바로 그것을 당신의 경험 속으로 초대하게 됩니다.

이 우주의 모든 것은 '진동'하고 있으며, 그러한 진동에 기초해 작용하는 '끌어당김'에 토대를 두고 있습니다. 따라서 어떤 것도 '배제'할 수 없습니다. 그것은 진동적으로 불가능한 일입니다. 이 우주의 모든 것은 '포함'에 관한 것입니다. 당신의 주의가 가는 그 모든 것이 당신의 진동 비율 속으로 포함되는 것입니다.

따라서 당신이 체험하고 싶은 어떤 걸 보면서 그것에 초점을 맞추고, "그래 좋아, 마음에 들어!"라고 외치면, 그것을 당신의 체험으로 포함하게 됩니다. 체험하고 싶지 않은 뭔가를 보면서 그것에 초점을 맞추고, "그건 아니야, 싫어!"라고 말할 때도 마찬가지입니다. 그 순간 당신은 그것을 배제하는 게 아니라 싫어하는 것 역시 당신의 체험 속으로 끌어들여 포함하게 됩니다. 당신이 원하는 것에 대해 "좋아!"라고 말한다고 해서 그것을 당신의 삶에 초대하는 것도 아니며, 또한 원하지 않는 것에 대해 "싫어!"라고 말한다고 해서 그것을 배제하는 것도 아닙니다. 진동적인 끌어당김에 기초를 둔 이 우주에는 '배제'는 아예 존재하지 않기 때문입니다.

당신이 초점을 맞추는 것이 바로 초대입니다. 어떤 것에 당신이 주의를 기울이는 것 자체가 그것을 초대하고 끌어들이는 것입니다.

따라서 대부분 현재 상황이나 현실만 주시하거나 또는 관찰하면서 사는 사람들은, 상황이 좋을 때는 번영하고 행복해하지만 상황이 안 좋을 때는 괴로워하고 힘들어 합니다. 그들이 주시하는 대상이 이미 진동하고 있기에, 그것을 보게 될 때면 그것의 진동을 그들의 진동 안으로 포함하기 때문입니다. 그것을 그들의 진동에 포함하면 모든 걸 공급해 주는 우주는 그 진동을 그들의 창조 요청으로 받아들입니다. 이에 따라 우주는 그 상황과 진동적 본질이 같은 것을 더 많이 배달해 주게 됩니다. 따라서 눈앞에 보이는 현실만 관찰하면서 살아가는 '주시자'의 삶은 대개 상황이 좋을 때는 더 좋아지지만 나쁠 때는 더 나빠집니다. 반면에 꿈과 비전을 품고 살아가는 '비전가'는 상황에 관계없이 언제나 번영과 행복을 구가합니다.

어떤 주제가 됐든 당신이 그 주제에 주의를 기울이는 일에 익숙해지면, 끌어당김의 법칙이 당신의 지배적인 진동 상태에 부합하는 그 모든 것들을 당신에게 배달해주게 됩니다. 어떤 상황이나 조건, 체험, 사람을 비롯한 온갖 형태의 모든 것들을. 그래서 당신이 품어왔던 생각과 조화를 이루는 것들이 삶 속에 물질화되어 나타나기 시작하면, 당신은 이제 자신이 바라던 방향으로 더욱 더 강력한 진동적 습관 또는 경향성을 발달시키게 됩니다. 한때는 작고 미약했던 생각은 이제 강력한 신념으로 성장하게 되며, 강력해진 신념은 지속적으로 당신의 구체적인 삶의 경험 속으로 그 모습을 드러내게 됩니다.

조각가가 정교한 작품을 창조하기 위해 연습을 통해서 점토 빚는 법을 익히듯이,
당신도 자신이 원하는 것을 창조하기 위해 소망에 초점 맞추는 연습을 통해서
이 세상을 창조한 근원 에너지를 주조해내는 법을 배울 수 있습니다.

9장

감정적 반응 배후에
담긴 소중한 가치

사람의 시각은 청각과 다르며, 후각은 촉각과 서로 다릅니다. 시각과 청각, 후각과 촉각은 각기 다르지만 동일한 것이 있습니다. 이 감각들은 모두 대상에 담긴 진동을 해석해내는 일을 한다는 점입니다. 이를테면, 뜨거운 난로에 가까이 다가갈 때, 시각으로는 난로가 뜨겁다는 사실을 모를 수 있습니다. 청각이나 미각 또는 후각도 그 각각의 감각만으로는 난로가 뜨겁다는 사실을 충분히 인식하기 어렵습니다. 하지만 난로에 가까이 다가설수록 피부에 있는 감각들은 난로가 뜨겁다는 사실을 당신에게 명확히 알려줍니다.

당신은 아주 민감하고 성능이 좋으며 정교한 진동에 대한 해석 장치들을 선천적으로 가지고 태어났습니다. 그것들은 당신이 체험을 이해하고 해석해내는 것을 돕습니다. 이러한 오감을 활용해 물리적 삶의 체험을 해석해내는 것과 같은 방식으로, 당신에게는 감정이라는 또 다른 감각이 있습니다. 감정은 삶 속에서 당신이 겪는 체험들을 이해할 수 있도록 돕는 훨씬 더 정밀한 진동의 해석 장치입니다.

감정은 당신의 끌어당김 자력을 알려주는 표지판입니다

감정은 각각의 모든 순간에 당신 존재의 진동적 내용이 무엇인지를 알려주는 표지판입니다. 따라서 자신의 감정(기분)을 알아차릴 때, 우주로 내보내는 자신의 진동이 어떤 내용인지 알 수 있습니다. 그래서 당신이 어떤 순간에 내보내는 자신의 진동적 내용이 무엇인지 기분을 통해 명확히 알아차리고, 그 알아차림을 끌어당김의 법칙과 결합시키면, 당신은 창조의 기점이 되는 자신의 강력한 끌어당김 자력을 완전히 통제할 수 있게 됩니다. 이러한 앎을 통해서 당신은 어떤 선택 상황 속에서도 자신의 체험을 뜻대로 이끌어갈 수 있습니다.

당신이 느끼는 감정은, 당신이 어떤 순간에 근원과 어떤 관계를 맺고 있는지를 단순히, 순전히, 그리고 유일하게 보여주는 것입니다. 당신 자신의 진정한 본성과 맺는 관계가 바로 감정으로 드러납니다. 이렇게 감정은 당신과 근원과의 관계가 어떤지를 알기 위해 필요한 모든 것을 알려 줍니다. 그래서 우리는 감정을 종종 '감정안내시스템EGS, Emotional Guidance System'이라고 부릅니다.

물리적인 몸을 입기로 결정했을 때 당신은 자신이 근원 에너지에 영원히 연결되어 있다는 사실을 명확히 이해하고 있었습니다. 또한 감정은 삶의 모든 순간에 당신이 근원과 어떤 관계를 맺고 있는지를 알려 주는 표지판 역할을 한다는 것도 알고 있었습니다. 따라서 이 믿음직한 안내 시스템에 언제나 접속할 수 있다는 것을 알았기에, 당신은 삶이 위험하거나 혼란스러울 거라는 느낌을 전혀 갖지 않았습니다. 오로지 흥분되는 모험심과 설레는 기쁨만을 느꼈습니다.

감정은 근원 에너지와 일치된 정도를 알려주는 표지판입니다

당신의 감정은 당신이 근원 에너지에 일치된 정도를 알려 주는 표지판입니다. 당신은 근원과 결코 단절될 수 없기에 어떤 경우에도 근원과 완전히 불일치되는 상태에 이를 수는 없습니다. 그렇다 할지라도 당신이 시선을 두기로 선택한 생각에 담긴 진동은 근원 에너지에 정렬(일치)된 정도에 따라 그 진동적 조화에 있어서는 실제적인 중요한 차이를 가지게 됩니다. 그렇기에 당신이 그러한 정렬을 의식적으로 연습해 간다면, 매순간 진정한 당신 자신의 주파수에 얼마나 일치되어 있는지를 명확히 알아차릴 수 있습니다. 왜냐하면 당신이 근원 에너지를 완전히 허용하게 되면, 즉 진정한 당신 자신으로서 살아가게 된다면, 당신은 삶의 모든 면에서 번영과 행복을 구가하게 되고, 그렇지 않는 경우에는 행복해질 수 없기 때문입니다.

당신은 절대적인 창조적 권능을 부여받은 존재입니다. 당신은 무엇이든 전적으로 자유롭게 창조할 수 있는 권능이 있습니다.

당신이 이러한 진실을 알게 되고, 이러한 앎과 진동적으로 조화를 이루는 것에 초점을 맞추게 될 때, 당신은 절대적인 기쁨을 느끼게 됩니다. 하지만 이런 진실에 상충되는 생각을 할 때는 무력감과 구속감과 같은 상반된 감정을 느끼게 될 것입니다. 요컨대 당신이 느끼는 모든 감정은 기쁨과 무력감 사이에 걸쳐 있습니다.

당신의 감정을 근원의 웰빙을 회복하는 도구로 활용하세요

당신이 진정한 자신에 일치되는 생각을 품을 때에는 몸을 통해 흐르는 조화로운 기운을 느끼게 됩니다. 기쁨이나 사랑, 그리고 자유로운 느낌이 그런 일치 상태를 보여 주는 증표입니다. 반면에 진정한 자신을 반영하지 않는 생각을 품게 되면, 몸을 통해서 부조화를 느끼게 됩니다. 우울함이나 두려움, 또는 구속된 느낌 같은 것이 그런 불일치 상태를 보여 주는 것입니다.

마치 조각가가 점토를 빚어 자신을 기쁘게 하는 작품을 창조해내는 것과 같은 방식으로, 당신은 근원 에너지라는 점토를 빚어서 창조를 합니다. 당신이 가진 '초점 맞추는 힘'을 통해 근원 에너지를 특정한 방향과 형상으로 이끌어 빚어냅니다. 여기서 초점을 맞춘다는 것은, 당신이 뭔가에 대해 생각하거나 기억할 때 또는 상상할 때를 말합니다. 당신이 뭔가를 말하거나 쓰고 있을 때, 뭔가를 듣고 있을 때, 그저 침묵하고 있을 때, 뭔가를 기억해낼 때, 그리고 어떤 것을 상상할 때, 바로 그런 순간이 근원 에너지를 당신의 주의가 가 있는 그것을 향해 흐르게끔 당신이 초점을 맞추고 있는 순간입니다. 당신은 생각을 투사함으로써 근원 에너지를 집중시키고 있는 것입니다.

조각가 자신이 바라는 정교한 작품을 창조해내기 위해 연습을 통해서 점토를 빚는 법을 익히듯이, 당신도 자신이 원하는 것을 창조하기 위해 소망에 초점을 맞추는 연습을 통해서 이 세상을 창조한 근원 에너지를 주조하는 법을 배울 수 있습니다.

그리고 조각가의 마음속 비전이 구체적 형상으로 빚어지는 것을 손을 통해서 느끼는 것처럼, 당신은 자신이 근원의 웰빙을 향해 나아가는지를 느끼기 위해 감정을 활용하게 될 것입니다.

그게 무엇이든 현재 상황과 관련해서 원치 않는 것에 더 많은 시선을 두고
더 많이 주의를 기울인다면, 당신이 정말로 바라는 것은
결코 당신의 체험 속으로 들어올 수 없습니다.

모든 소망을 이루게 하는
3단계 창조 공식

(10장)

창조 과정 또는 창조 공식은 개념적으로 단순합니다. 그것은 3단계로 이루어져 있습니다.

- 1 단계 : 당신이 요청한다. (당신의 일임)

- 2 단계 : 우주가 응답한다. (당신의 일이 아님)

- 3 단계 : 응답된 소망을 받아들이거나 허용한다. (당신의 일임)

    (당신은 그것이 삶 속으로 들어오는 것을 허락해야 한다.)

1 단계 : 당신이 요청한다

당신이 현재 초점을 맞추고 살아가는 이 물질 세상의 경이롭고 다양한 환경으로 인해 창조과정의 1단계는 자동적으로 쉽게 이루어집니다. 삶의 다양성 속에서 당신이 바라거나 선호하는 것이 당신 안에서 자연스럽게 태어나기 때문입니다. 미묘하거나 심지어 무의식적인 소망에서부터 명확하고 정밀하며 생생한 소망에 이르기까지 소망은 매일의 삶 속에 있는 대조적인 체험들로부터 자연스럽게 생겨납니다.

소망(또는 요청하기)은 놀랍도록 다양하고 대조적인 것들로 가득 찬 이 물리적 환경 속에 당신이 존재하면서 갖게 되는 자연스러운 부산물입니다. 그러므로 창조과정의 1단계는 자연스럽게 일어나는 아주 쉬운 과정입니다.

2 단계 : 우주가 응답한다

2단계는 아주 단순한 과정입니다. 당신이 할 일이 아니기 때문입니다. 2단계는 비물리적인 근원 에너지 또는 신의 권능이 처리하는 일입니다. 당신이 요청한 모든 소망은 크든 작든 관계없이 우주 또는 근원이 즉시 이해하고 충분히 제공합니다. 여기에 예외는 없습니다. 우주에 존재하는 각각의 모든 의식체는 자신의 소망이나 선호를 요청할 권리와 능력이 있습니다. 그리고 우주는 그 모든 요청을 존중하고 즉각적으로 응답합니다. 당신이 요청하면, 그 모든 요청에 우주는 응답합니다. 언제나 그렇습니다.

당신의 "요청"은 때때로 말로 표현됩니다. 하지만 더 자주 일어나는 요청의 양태는 당신으로부터 개인적인 선호들이 끊임없는 흐름으로서 진동의 형태로 방출됩니다. 다시 말해서, 당신이 말로 표현하지 않아도 당신의 요청은 진동적으로 이루어진다는 것입니다. 그래서 그 요청 하나하나는 이전의 요청 위에 계속 더해져 갑니다. 우주는 모든 판단하지 않고, 각각의 요청을 모두 존중하고 전적으로 응답합니다.

모든 의문에는 해답이 주어집니다. 모든 소망은 이루어집니다. 모든 기도가 응답됩니다. 모든 바람이 인정받고 존중받습니다. 그러나 많은 사람들이 자신이 소망했던 것들이 이루어지지 않았다면서 이러한 진실을 부정합니다. 그들이 그렇게 하는 이유는 창조 과정에 있어 매우 중요한 3단계를 아직 이해하지 못했기 때문입니다. 창조 공식의 3단계를 이해하지 못하면 1단계와 2단계 과정은 의식하지도 못한 채 그냥 지나칠 수 있습니다.

3단계 : 당신이 허용한다
(응답된 소망이 삶 속으로 흘러드는 것을)

3단계는 '허용의 기술'을 삶 속에 실제로 적용하는 단계입니다. 바로 이것을 위해 감정이라는 안내 시스템이 존재합니다. 이 단계는 당신의 소망에 담겨 있는 진동주파수에 당신의 진동주파수를 동조시키는 과정입니다. 이것은 마치 원하는 방송을 청취하기 위해서 당신이 먼저 라디오의 주파수 채널을 그 방송의 채널에 맞추는 것과 같습니다. 이와 마찬가지로, 소망하는 것을 실현하기 위해서는 먼저 당신의 진동주파수를 소망의 주파수와 같은 것으로 동조시켜야만 합니다. 우리는 이것을 '허용의 기술Art or Allowing'이라고 합니다. 다시 말해 우주가 응답한 당신의 소망이 삶 속으로 흘러드는 것을 허용하는 기술입니다. 그런데 만약 소망을 받아들이는 진동 상태에 있지 않으면, 비록 우주가 이미 응답했을지라도 당신의 요청이나 질문은 얼핏 보면 우주가 응답하지 않은 것처럼 보일 것입니다. 기도가 응답받지 못한 것 같고, 소망이 실현되지 않은 것처럼 보일 것입니다. 하지만 당신이 바라는 것들을 삶 속에서 누리지 못하는 이유는 우주가 당신의 요청을 듣지 않았기 때문이 아닙니다. 그것은 당신이 소망의 주파수에 일치되지 않았기 때문입니다. 그래서 기꺼이 당신의 삶 속으로 흘러들고자 하는 소망들은 주파수가 일치하지 않아서 들어오지 못하고 있습니다. 바로 당신이 받아들이지 못하고 있는 것입니다.

모든 주제는 원하는 것과 원하지 않는 것,
단 두 가지에 관한 것입니다

모든 주제는 진실로 두 가지에 관한 것입니다. 그것은 '원하는 것'과 '원하는 것의 부재'에 관한 진술입니다. 보통 당신은 자신이 원하는 것에 대해 생각하고 있다고 믿고 있을 때조차도 실제로는 자신이 원하는 것과 정확히 반대되는 것을 생각하고 있습니다. 이를 테면 다음과 같은 진술들입니다.

"난 건강해지고 싶어! – 나는 아프고 싶지 않아!"
"난 부자로 살고 싶어! – 나는 더 이상 가난하게 살고 싶지 않아!"
"난 이상형을 만나고 싶어! – 난 혼자 살고 싶지 않아!"

여기서 당신이 실제로 원하는 것은 앞부분의 진술입니다. 하지만 일반적으로 당신은 뒷부분의 진술에 익숙해져 있습니다. 그리고 앞부분의 진술을 할 때조차도 거의 동시에 뒷부분의 진술로 돌아와 생각하거나 말합니다. 하지만 그 두 가지 생각에 담긴 진동은 서로 다를 뿐 아니라 정반대입니다.

당신이 생각하는 것과 실제로 얻는 것은 언제나 진동적으로 완벽하게 일치합니다. 그러므로 당신이 삶 속에서 실제로 체험하는 것과 당신이 생각하는 것과 사이의 이러한 연관성을 의식하면서 살아가는 것은 아주 큰 도움이 될 것입니다. 또한 원하는 것이 아직 물질화되기 이전이라도 당신이 현재 진동적으로 어디로 향하고 있는지 스스로 분별할 수 있다면 훨씬 더 도움이 될 것입니다. 다시 말해서, 당신이 감정에 대해 이해하고 그 감정이 당신에게 알려 주는 중요한 메시지를 이해한다면, 이제 당신은 자신이 진동적으로 우주에 무엇을 요청하고 있는지 알기 위해서 굳이 그것이 물질화될 때까지 기다리지 않아도 됩니다. 당신은 감정을 통해서 자신이 현재 어디를 향해 가는지 명확히 알 수 있기 때문입니다.

당신의 주의는 소망하는 것의 부재가 아닌, 소망하는 것에 가 있어야 합니다

3단계로 이루어진 창조 과정은, 당신이 그것을 의식적으로 알든 모르든 상관하지 않고 매순간 작동합니다. 당신이 삶에서 겪는 경험의 다양함과 대조로 인해 새로운 선호와 소망이 당신 안에서 끊임없이 태어나고 있습니다. 그리고 그 순간 당신이 그렇게 하고 있다는 사실을 의식하지 못한다고 해도, 당신은 선호하는 것과 소망하는 것을 진동의 형태로 우주로 내보냅니다. 그러한 진동이 바로 당신의 요청인 것입니다. 그러면 그 즉시 근원 에너지가 당신의 진동적 요청을 받아들이고 끌어당김의 법칙을 통해서 즉각 반응합니다. 이제 당신은 근원이 배달해 주는 소망을 받아들일 수 있는 진동 상태에 머무르기만 한다면, 즉 당신의 소망에 진동적으로 정렬되기만 한다면, 소망하는 것을 삶 속에서 누릴 수 있습니다.

당신의 모든 소망들이 언제나 응답되어져 왔다는 사실을 알아차리지 못하는 이유는, 당신의 요청(1단계)과 허용(3단계) 사이에 종종 시간적인 간격이 있기 때문입니다. 당신은 삶의 대조적 체험을 통해 명확한 소망을 송출했다고 해도 이제 갓 태어난 소망에 전적으로 초점을 맞추기보다는 종종 그 소망을 탄생시킨 대조적인 상황에 주의를 둡니다. 그렇게 함으로써 당신은 자신의 소망에 담긴 진동보다는 그 소망을 불러왔던 현재 상황에 담긴 진동을 당신 안에 더 많이 포함하게 됩니다.

예를 들어, 자동차가 아주 오래되어 수리를 자주 해야 되는 상황이 되면, 당신은 그 차가 점점 낡고 고장이 잦아지는 것을 보면서 자연스럽게 새 차를 원하게 됩니다. 그래서 이제 멋진 새 차가 주는 여러 가지 좋은 느낌들을 크게 기대하면서 원하게 되면, 당신은 진동적인 소망의 로켓을 발사합니다. 그러면 근원이 그것을 전적으로 받아들이고 당신이 내보낸 진동 그대로 즉시 응답하게 됩니다.

하지만 당신은 우주 법칙과 3단계 창조공식을 명확하게 알지 못했기 때문에 새로운 소망이 가져다주는 신선함과 고양된 느낌이 그리 오래가지 않았습니다. 당신은 소망이 태어난 즉시 자신의 주의를 신선한 새로운 소망으로 향해야 하며, 감미로운 새 차에 대해 지속적으로 생각해야 합니다. 그렇게 함으로써 자신의 새로운 소망과 진동적 조화를 성취해가야 합니다.

그런데 당신은 그렇게 하지 않고 현재 타고 다니는 낡은 차를 바라보면서 새 차를 바라게 된 이유들을 곱씹으며 정당화시키려 합니다. "이 낡은 차는 더 이상 나를 기쁘게 하지 않아." 하지만 그렇게 말함으로써 당신은 원하는 새 차 보다는 낡은 차에 담긴 진동을 자신의 진동으로 포함시키게 됩니다. 낡은 차에 생긴 흠과 결함, 그리고 다른 문제들을 들추어내면서, "이러니까 정말로 새 차가 필요해!" 라고 말하게 됩니다. 그때마다 당신은 스스로 의도한 것은 아니지만 현재의 만족스럽지 않는 상황의 진동을 자신 안에 더욱 증폭시키게 됩니다. 이런 식으로 당신은 계속해서 자신을 새 차의 진동과는 동떨어지게 진동시키며, 결과적으로 자신이 요청한 것을 스스로 받을 수 없게 만듭니다.

그게 무엇이든 당신의 현재 상황과 관련해 당신이 원하지 않는 것에 더 많은 시선을 두고 더 많이 주의를 기울인다면, 당신이 정말로 원하는 것은 결코 당신의 체험 속으로 들어올 수 없습니다. 다시 말해서, 당신이 주로 아름다운 새 차에 대해 생각하면서 지낸다면 새 차는 꾸준히 당신을 향해 이끌려오지만, 주로 현재의 낡은 차에 대해서 생각한다면 새 차는 당신을 향해 다가올 수 없게 됩니다.

처음에는 어쩌면 새 차에 관해 생각하는 것과 현재 소유하고 있는 낡은 차의 문제점에 대해 되새기는 것 사이의 차이가 무엇인지 잘 간파하지 못할 수도 있습니다. 하지만 당신이 일단 자신의 '감정

안내시스템'에 대해서 알게 된다면, 당신은 그 차이를 아주 쉽게 파악하고 삶 속의 창조에 실제적으로 적용해 갈 것입니다.

모든 소망을 실현시켜 줄 마법의 열쇠가 당신에게 있습니다

당신의 생각이 모든 창조가 시작되는 끌어당김 자력입니다. 당신의 감정(기분)은 소망하는 것을 자신에게 허락하고 있는지의 여부와 정도를 알려 주는 표지판입니다. 이러한 사실을 이해하게 된다면, 당신은 이제 원하는 그 모든 것을 창조할 수 있는 마법의 열쇠를 손안에 거머쥔 것과 같습니다.

당신이 어떤 것에 대해 일관적으로 긍정적이고 기분 좋은 감정을 느낀다면, 나쁜 결과는 일어나지 않습니다. 반대로 뭔가에 대해 일관되게 부정적이고 기분 나쁜 감정을 느낀다면, 그에 대한 좋은 결과를 체험할 수도 없습니다. 당신이 느끼는 기분이 당신의 타고난 유산인 웰빙의 행복물결을 자신에게 허락하고 있는지의 여부를 알려 주는 신호이기 때문입니다.

우주 어딘가에 질병의 원천이 별도로 존재하는 것은 아니지만, 당신은 선천적으로 주어진 자신의 자연스런 건강을 허락하지 않는 생각을 품어 질병에 걸릴 수도 있습니다. 이와 마찬가지로, 가난의 근원이 실재하지는 않을지라도, 당신은 선천적으로 주어진 무한한 풍요의 흐름에 저항하는 생각을 품어 결핍을 실감나게 체험할 수도 있습니다. 하지만 현재 삶의 상황이 어떠하든 근원의 행복과 풍요와 건강으로 넘쳐나는 웰빙은 언제나 끊임없이 당신에게 흘러들고 있습니다. 따라서 만약 당신이 그러한 웰빙의 흐름을 느리게 하거나 제한하는 생각을 배우지만 않았다면, 당신은 현재 삶의 모든 영역에서 웰빙의 체험을 누리고 있을 것입니다.

당신이 삶에서 바라는 것이 무엇이든 현재 삶의 상황이나 처지는 전혀 문제가 되지 않습니다. 자신의 기분에 주의를 기울여 감으로써, 그리고 자신의 생각을 가능한 더 기분 좋게 느껴지는 방향으로 의식적으로 지휘해감으로써, 당신은 다시 한번 자신의 타고난 유산인 근원의 무한한 웰빙 흐름에 진동적으로 일치시킬 수 있게 될 것입니다.

기억하세요. 순수하고 긍정적인 비물리적 에너지인 근원이 물리적으로 표현된 존재인 당신이 진정한 당신 자신에 진동적으로 더 많이 일치되면 될수록, 당신은 더 기분 좋게 느끼게 된다는 것을. 예를 들면, 당신이 어떤 것의 진가를 인정하면서 감사하면, 당신은 진정한 당신 자신에 진동적으로 일치됩니다. 또한 당신이 자기 자신이나 다른 누군가를 사랑할 때에도 진정한 당신 자신과 진동적으로 조화를 이루게 됩니다. 하지만 자기 자신이나 다른 누군가의 단점을 찾거나 비난할 때, 당신은 진정한 당신 자신의 주파수와 조화를 이루지 않는 진동을 내보내게 됩니다. 그래서 그때 느끼게 되는 부정적인 감정은, 당신이 저항의 진동 상태에 있다는 것과, 물리적 형상 안의 당신과 비물리적으로 존재하는 당신 사이의 순수한 연결을 당신이 '허락'하지 않는 상태에 있다는 것을 알려 줍니다.

우리는 종종 비물리적인 상태로 존재하는 당신의 부분을 당신의 '내면 존재Inner Being' 또는 당신의 '근원'으로 지칭합니다. 그것을 '에너지의 근원'으로 부르든 '생명력'이라고 부르든 명칭은 중요하지 않습니다. 하지만 당신이 근원과의 완전하고 순수한 연결을 허락하고 있을 때와 어떤 식으로든 제한하고 있을 때를 의식적으로 알아차리는 일은 너무도 중요합니다. 당신의 감정이 그러한 근원과의 연결을 당신이 허용하는지 아니면 저항하는지의 여부와 그 정도를 지속적으로 알려주는 안내표지판 역할을 하고 있습니다.

당신이 한 번이라도 명확히 자신이 생각하는 것과 감정, 그리고 삶에서 체험하는 것이
서로 진동적으로 일치한다는 것을 이해한다면, 당신은 이제 원하는
모든 것을 얻을 수 있는 마법의 열쇠를 가진 것입니다.

11장

연습을 통해 유쾌한
의식적 창조자가 될 수 있다

자신의 기분에 의식적으로 주의를 기울여갈 때, 당신은 근원
에너지를 원하는 방향으로 이끌어 가는 것에 더욱 능숙해집
니다. 그래서 기쁨이 넘치는 **유쾌한 의식적 창조자**로 거듭나게 될
것입니다. 연습을 통해서 당신은 이 놀라운 창조적 에너지를 원하
는 방향으로 집중할 수 있는 존재가 될 것입니다. 마치 숙련된 조각
가처럼, 이 세상을 창조한 근원 에너지를 가지고 자신이 원하는 것
을 주조해내는 일에서 기쁨을 만끽할 것입니다. 그리고 근원 에너
지를 개인적으로 바라는 것들을 창조하는 방향으로 이끌어 갈 것
입니다.

　당신이 창조적 에너지를 어떤 특정한 방향으로 집중해갈 때 고려

해야 할 두 가지 요소가 있습니다. 첫 번째 요소는, 근원 에너지를 불러내는 속도와 강도에 관한 것입니다. 두 번째 요소는, 호출된 근원 에너지가 물리적 삶 속으로 흘러드는 걸 당신이 허락할 것인지 아니면 저항할 것인지에 관한 것입니다.

첫 번째 요소는, 소망에 관해 숙고해 온 시간의 양과 소망의 명확성과 관련이 있습니다. 즉 근원 에너지를 불러내는 힘은, 오늘 처음으로 잠시 생각한 소망보다는 오랫동안 바래왔던 소망이 훨씬 더 큽니다. 또한 소망이 가능한 더 명확한 형태로 정의 될수록 당신이 소망에 관해 생각할 때마다 그것을 실현시킬 근원 에너지를 불러내는 방식도 훨씬 더 강해집니다. 그래서 근원 에너지를 불러내는 자신의 소망이 그 속도와 강도에 있어서 일정 수준에 이르게 되면, 두 번째 요소와 관련해 당신이 잘하고 있는지 아닌지를 느끼는 일이 꽤 쉬워집니다. 이것은 창조 공식의 3단계인 허용하기 또는 저항하기 부분에 해당합니다.

아주 오랫동안 원했던 어떤 것을 생각하면서 동시에 그것이 아직 실현되지 않은 현재 상황을 주목하게 된다면, 그 순간 당신은 부정적인 감정을 강하게 느끼게 됩니다. 그 이유는 당신의 시선이 원하는 것과 진동적으로 일치되지 않는 뭔가에 가 있기 때문입니다. 반면에 오랫동안 소망해온 것에 대해 생각하면서 그것이 현재 당신의 삶 속으로 오고 있는 중이라고 생각하거나 상상한다면, 당신은 낙관적이고 설레는 기대감이나 넘치는 열정을 느끼게 될 것입니다.

따라서 당신이 느끼는 기분을 체크해 보면, 그 순간 당신이 소망의 주파수에 일치되어 있는지 아니면 그것의 부재에 일치되어 있는지를 명확히 알 수 있습니다. 당신의 기분은 자신이 소망하는 것을 허락하고 있는지 아니면 저항하고 있는지, 또는 소망이 실현되도록 스스로 돕고 있는지 아니면 방해하고 있는지를 알려 주는 신호입니다.

생각을 통제하려는 대신 생각을 지휘하세요

현 시대의 고도로 발달된 정보통신 기술 덕분에, 당신은 세상에서 일어나는 거의 모든 일에 실시간으로 접속할 있게 되었습니다. 그로 인해 무수히 쏟아져 나오는 생각과 아이디어의 홍수 속에서 살고 있습니다. 때로는 자신의 개인적인 삶이 통제할 수 없는 외적인 흐름에 의해 침해받고 있는 것처럼 느끼기도 합니다. 쉴 새 없이 쏟아져 나오는 생각의 범람 속에서 자신의 생각을 통제하는 것은 거의 불가능한 일처럼 보입니다. 그래서 당신은 눈앞에 나타난 것들을 주시하는 게 오히려 더 정상적이고 당연한 일이라고 생각합니다.

우리는 당신의 생각을 통제하라고 말하는 게 아닙니다. 그 대신 당신의 생각을 지휘하고 이끌어갈 수 있도록 노력하기를 격려합니다. 생각을 지휘하는 것도 좋지만 그보다 더 좋은 방법이 있습니다. 당신이 느끼고 싶은 어떤 느낌이나 기분에 도달하려고 노력하는 것입니다. 우리는 이것을 권합니다. 자신의 생각을 하나하나 의도적으로 이끌어 지휘해가는 것보다 원하는 기분에 도달하려는 것이, 자신이 좋다고 여기는 것들에 진동적으로 일치되는 생각들을 더 쉽게 품을 수 있는 방법이기 때문입니다.

끌어당김의 법칙은 당신이 품고 있는 생각과 진동적으로 어울리는 생각들을 끌어당깁니다. 그리고 당신의 생각을 그 속에 담긴 진동에 따라 조직화해갑니다. 그렇기에 끌어당김의 법칙을 이해하고 의식적으로 활용하는 것은 당신의 생각을 원하는 대로 이끌어 가려는 노력에 있어서 매우 큰 도움이 됩니다.

항상 기억하세요. 당신이 어떤 생각에 주의를 기울이게 될 때는 언제나 예외 없이, 그 생각에 담긴 진동이 당신 안에서 즉시 활성화됩니다. 그러면 즉각적으로 끌어당김의 법칙이 당신의 생각 진동에 반응합니다. 이 말의 의미는, 당신의 주시로 당신 안에 활성화된 생각이 진동적으로 어울리는 다른 생각을 끌어들여 처음 활성화된 생각에 합류하게 된다는 것입니다. 그렇게 되면 그런 류의 생각이 더 강력해지면서 끌어당기는 속도와 강도가 더욱 증폭됩니다. 당신이 어떤 생각에 초점을 맞추고 지속적으로 일관되게 품게 되면, 당신 안에 활성화된 생각은 이와 같은 방식으로 확장하게 되며, 삶 속에 물리적으로 구현될 때까지 비슷한 생각이 더욱 가세함으로써 더 강력해지고 더욱 성장하게 됩니다.

일관되게 연습한 생각이 주도적인 생각으로 성장합니다

어떤 주제에 지속적으로 초점을 맞출 때마다 그것의 진동이 당신 안에 지속적으로 활성화됩니다. 그래서 그것이 익숙한 생각이 되어 당신의 주도적인 생각으로 자리 잡게 됩니다. 그렇게 되면, 그것에 부합되는 일들이 삶 속에 구현되기 시작합니다. 당신이 처음에 품었던 생각이 진동적으로 비슷한 다른 생각을 끌어들여 합류시킨 것과 동일한 방식으로, 이제 당신 안에 확립된 주도적인 생각에 부응하는 일들이 삶의 체험 속에 나타하기 시작할 것입니다. 당신이 보는 잡지 기사를 통해서, 친구들과의 대화 속에서, 개인적으로 관찰하는 일들을 통해서, 그리고 다른 수많은 경우를 통해서, 자신이 끌어들이는 것을 삶 속에서 점점 더 분명히 확인하고 목격하게 될 것입니다.

요컨대, 당신의 집중된 주의를 통해서 당신 안에 어떤 지배적인 진동이 충분히 활성화되면, 바라던 것이든 아니든 상관없이 그것과 진동적으로 부합하는 일들이 당신의 체험 속으로 등장하기 시작합니다. 이것은 우주 법칙입니다.

의식적 창조자가 되는 효과적인 방법

감정에 주의를 기울이는 것을 통해 효과적인 도움을 받기 위해서는, 웰빙Well-Being이야말로 이 우주에 존재하는 유일한 흐름이라는 진실을 받아들여야만 합니다. 물론 당신은 자신의 선택에 따라 그 흐름을 허용할 수도 있고 허용하지 않을 수도 있습니다. 당신이 그것을 허용하면 삶의 모든 측면에서 건강해지고 행복해집니다. 그러나 허용하지 않으면 병이 들거나 삶이 힘들어집니다. 다시 말해 이 우주에는 웰빙이라는 단 하나의 행복 물결만이 존재합니다. 당신은 그것을 허용하기도 하고 저항하기도 합니다. 하지만 당신이 느끼는 기분을 통해서 자신이 어떻게 하고 있는지를 명확히 알 수 있습니다.

당신은 삶의 모든 면에서 번영하도록 되어 있습니다. 당신은 마땅히 기분 좋게 살아야 합니다. 당신은 멋지고 선한 존재입니다. 당신은 절대적으로 사랑받고 있습니다. 그리고 근원의 웰빙이 끊임없이 당신에게 흐르고 있습니다. 그렇기에 당신이 그 흐름을 허락한다면, 온갖 다양한 방식과 무수한 형태로 웰빙을 체험하게 될 것입니다.

그게 무엇이든 당신이 주시하는 모든 것은 이미 에너지의 진동이 맥동치고 있습니다. 그래서 어떤 것에 당신의 주의가 가면, 당신은 그것에 담긴 주파수대로 진동하기 시작합니다. 그것에 초점을 맞출 때마다 그것에 담긴 진동을 발산하게 됩니다. 그래서 그것의 진동에 점점 익숙해지고 친밀해지면서, 그것은 당신 안에 일종의 진동 패턴 또는 진동적 경향성으로 자리 잡게 됩니다. 그러면 다음에는 그와 같이 진동하는 것이 훨씬 더 쉬워지게 됩니다. 연습이 대가를 만든다는 금언과 같습니다. 연습을 하면 할수록 점점 더 숙달되고 점점 더 쉬워지게 됩니다. 이런 식으로 당신이 어떤 생각에 충분히 주의를 기울이게 되면, 다시 말해 그 진동이 숙달되면, 그것은 소위 신념이라고 부를 정도로 성장하게 됩니다.

신념이란 단지 연습되어 익숙해진 생각입니다. 다시 말해서, 당신이 어떤 생각을 충분히 오랫동안 연습했다면, 그 생각의 주제에 다시 접속할 때면 언제든지 끌어당김의 법칙이 당신을 쉽게 그 신념의 전체적인 진동 속으로 데려갑니다. 그래서 이제 끌어당김의 법칙은 그 신념을 당신의 끌어당김 자력으로 받아들여, 그것의 진동에 부합하는 것들을 당신에게 가져다줍니다. 그래서 당신이 숙고해온 그 신념과 일치된 체험을 하게 되면 이런 결론을 내리게 됩니다. "맞아. 이것이 진실이야!" 당신은 그것을 "진실"이라고 부르는 게 정확하다고 말할지 모르지만, 우리는 그것을 '끌어당긴 것' 또는 하나의 '창조'라고 부르고 싶습니다.

당신이 주시하는 것은 무엇이든 당신의 "진실"이 될 것입니다. 끌어당김의 법칙으로 인해 그렇게 될 수밖에 없습니다. 당신의 삶이란, 그리고 다른 모든 이들의 삶이란, 단지 스스로 품고 있는 주요한 생각의 진동이 그대로 반영되고 있는 것입니다. 이것에 예외는 없습니다.

당신의 생각을 지휘하겠다는 결정을 하셨습니까?

당신이 자신의 경험을 뜻대로 창조해가는 의식적 창조자로 거듭나기 위해서는, 먼저 자신의 생각을 지휘하겠다는 결정을 해야 합니다. 자신이 하는 생각의 방향을 의도적으로 선택할 수 있을 때에만, 자신의 끌어당김 자력에 원하는 대로 영향을 미치고 통제할 수 있기 때문입니다. 우리가 이전에 언급했던 바와 같이 라디오의 다이얼을 FM 630 주파수 채널에 맞춘 상태에서 FM 101 주파수로 송출되고 있는 방송을 청취할 수 없듯이, 당신이 이전에 늘 해오던 방식대로 생각하고, 관찰하고, 믿는 것들을 붙잡고 유지하면서 자신의 끌어당김 자력을 바꾸지 않는다면, 당신의 소망은 이루어질 수 없습니다. 소망을 실현하려면 당신이 우주로 내보내는 주파수가 소망의 주파수에 진동적으로 일치하도록 당신의 끌어당김 자력을 바꾸어야 합니다.

당신이 느끼는 모든 감정(기분)은 당신이 자신의 근원 에너지에 일치되어 있는지의 여부를 알려 줍니다. 당신의 감정은, 당신의 내면 존재와 물리적 존재로서의 당신이 진동적으로 얼마나 괴리되어 있는지를 보여 주는 일종의 표지판입니다. 따라서 당신이 자신의 감정에 주의를 기울이면서 기분 좋게 느껴지는 생각에 초점을 맞추고자 노력한다면, 원래 이 물리적 몸을 입기로 결정했을 때 당신이 의도했던 방식대로 자신의 감정안내시스템EGS을 활용하고 있는 것입니다.

감정안내시스템은 당신의 진동상태나 진동적 내용이 무엇인지 알려줌으로써, 현재 무엇을 끌어당기고 있는지를 스스로 알아차리도록 도와줍니다. 현재 품고 있는 생각이 소망에 관한 것인지 아니면 소망의 부재에 관한 것인지를 명확히 구분해내는 일은 어려울 때도 있습니다. 하지만 소망에 관해 생각할 때 느끼는 감정적 반응(기분)과 소망의 부재에 관해 생각할 때 느끼는 감정적 반응(기분)은 아주 쉽게 구분할 수 있습니다. 당신이 전적으로 소망에만 초점을 맞추고 있을 때(그래서 순수하게 소망을 반영하는 진동을 내보내고 있을 때), 당신은 경이로울 정도로 기분이 좋아지기 때문입니다. 반면에 정말 바라는 게 있는데 그것이 없다거나 부족하다는 생각에 초점을 맞추고 있을 때는 기분이 아주 나빠집니다. 이렇게 당신의 감정은 어떤 순간에 당신이 진동적으로 무엇을 하고 있는지를 알려주며, 어떤 것을 끌어당기고 있는지도 언제나 정확히 알려 줍니다. 따라서 자신의 감정에 주의를 기울여가면서 의도적으로 기분 좋은 생각을 선택해 갈 때, 당신은 자신이 바라는 소망의 주파수에 당신 자신을 진동적으로 일치시켜 갈 수 있습니다.

자신을 진동적 존재로 받아들일 수 있나요?

대다수의 사람들은 자신의 삶을 진동이라는 관점에서 바라보는 것에 익숙하지 않습니다. 그들 자신을 라디오의 송신기와 수신기와 같은 존재로 생각하는 방식에는 더더욱 익숙하지 않습니다. 하지만 당신은 실제로 모든 것이 진동하고 있는 진동적 우주 안에서 살고 있습니다. 또한 당신은 자신이 알고 있는 것보다도 훨씬 더 에너지적이고, 진동적이며, 전자기적인 존재입니다. 그러므로 이러한 새로운 관점에 서서, 당신 자신을 삶 속에 등장하는 모든 것을 끌어당기는 자석과도 같은 진동적 존재로 받아들이십시오. 그러면 당신은 삶의 모든 것을 자기 뜻대로 창조해내는 의식적 창조자로서의 감미로운 여정을 시작할 수 있습니다. 그래서 당신이 명확하게 자신이 생각하는 것과 느끼는 기분, 그리고 삶에서 체험하는 것이 서로 진동적으로 일치한다는 사실을 알아차리게 된다면, 그때 당신은 원하는 모든 것을 가질 수 있는 마법의 열쇠를 가진 것입니다. 삶에서 원하는 게 무엇이든 어떤 주제에 관한 것이든 상관없이, 이제 당신은 현재 있는 삶의 자리에서 앞으로 살고 싶은 삶의 자리로 옮겨가기 위해 필요한 모든 열쇠를 손에 쥐게 된 것입니다.

12장

당신은 자신의 '감정 설정지점'을
통제할 수 있다

대다수의 사람들은 자신이 무엇을 믿을 것인가에 대해서 스스로 통제할 수 있다는 것을 믿지 않습니다. 그들은 그들 주변에서 일어나는 일을 관찰하며 평가합니다. 그러나 그들 안에 형성되고 있는 믿음에 대해서는 자신에게 통제권이 없다고 생각합니다. 즉 자신의 어떤 생각이나 믿음이, 자신이 아닌 외적인 뭔가에 의해 생겼다고 여깁니다. 그들은 삶 속에 일어난 일들에 대해 좋은 것과 나쁜 것, 원하는 것과 원하지 않는 것, 옳은 것과 그른 것 등으로 구분 짓는데 삶의 많은 시간을 허비합니다. 하지만 그들은 일어난 사건과 자신 사이의 개인적인 관계를 스스로 통제할 수 있는 능력이 있다는 사실을 알지 못합니다.

다른 사람이 창조한 상황을 통제하는 것은 불가능합니다

　사람들은 대부분 다른 이들이 창조한 상황의 일부는 좋아하고 지지하지만 나머지 다른 부분은 좋아하지 않습니다. 그래서 그들은 다른 이들이 창조한 것을 통제하려 합니다. 그것은 불가능한 일인데도 말이죠. 하지만 그런 통제를 위해서 그들은 개인적인 힘이나 완력을 동원하거나, 또는 더 큰 힘이나 영향력을 행사하기 위해 여러 사람들과 함께 집단을 만들기도 합니다. 이렇게 해서 자신을 위협하는 것이라고 믿는 외적인 환경이나 상황에 대한 통제권을 확보해 자신의 안전과 행복을 지키려고 합니다.

　하지만 끌어당김에 기초한 이 우주에서 배제할 수 있는 것은 없습니다. 따라서 그들이 원하지 않는 것들을 밀쳐내려 하면 할수록, 그것들은 떨어져 나가지 않고 오히려 그것들의 주파수에 진동적으로 더 많이 일치하게 됩니다. 그래서 그들은 원하지 않는 것들을 자신의 체험 속으로 더 많이 끌어들이게 됩니다. 원하지 않는 일을 더 많이 체험하게 되면, 이제 그들은 그런 체험을 자신의 믿음이 옳았다는 증거로 해석하고 그 믿음을 더욱 강화시킵니다. 이런 식으로 그들은 스스로 증거를 제시한 체험과 믿음의 악순환에 빠지게 됩니다. 다시 말해서, 믿음을 지키고 방어하려 하면 할수록, 끌어당김의 법칙은 자신의 삶 속으로 그 믿음을 반영한 체험을 더 많이 가져다주게 됩니다.

누구의 '진실'이 진짜 진실일까?

그게 무엇이든 충분히 오랫동안 당신의 시선이 가게 되면, 결국 그 대상에 관해 품어왔던 생각의 진동이 당신의 체험 속에 물질화되어 나타납니다. 그러면 다른 사람이 그것을 지켜보고 주시하게 됩니다. 그리고 그런 주시를 통해서 그들은 그것이 확장되는 것을 돕게 됩니다. 그리고 머지않아 충분히 많은 사람들이 그렇게 창조된 물리적 현실을 주시하게 되면, 그것이 원하는 현실이든 원하지 않는 현실이든 상관없이, 이제 그것은 '진실'이라 불리게 됩니다.

삶에서 어떤 '진실'을 창조할 것인지에 대한 선택권은 절대적으로 당신에게 있습니다. 이 사실을 당신이 기억해내길 바랍니다. 일단 한 번이라도 당신이, 누군가가 어떤 경험을 하게 되는 유일한 이유는 그의 시선이 그것에 가 있었기 때문임을 이해한다면, 세상 사람들이 소위 '진실'이라고 말하는 것의 실상을 쉽게 파악할 수 있을 것입니다. 그렇기에 당신이 "그것이 진실이니까, 난 내가 원하는 것이든 원치 않는 것이든 상관없이 그것을 주목하고 유념해서 살아가야만 한다고!" 라고 주장한다면, 그것은 이렇게 말하는 것과 같습니다. "다른 사람들이 원하지 않았던 어떤 것에 주의를 기울였고, 그런 주의를 통해서 원치 않는 것을 그들의 삶에 초대해서 체험하게 되었지. 그들이 그렇게 했으니까, 나도 그들처럼 해야만 한다고!" 이처럼 당신이 다른 사람들이 했으니까 당신도 꼭 그대로 따라 해야 한다고 고집한다면, 이 얼마나 바보 같은 짓입니까!

이 세상에는 당신의 '진실'로 만들어 가고 싶은 경이롭고 멋진 체험적 진실들이 아주 많이 있지만, 또한 당신이 결코 체험하고 싶지 않는 불쾌한 체험적 진실들도 아주 많이 있습니다. '의식적 창조'란 당신의 물리적 체험이 될 '진실'들을 의도적으로 신중히 선택하는 일에 관한 것입니다.

당신의 끌어당김 자력은 영향을 받습니다

당신이 활성화시킨 생각이 아직은 초점이 집중되지 않은 초기 상태의 생각이라면, 그 진동은 아주 작고 미약해서 그다지 큰 흡인력이나 끌어당기는 힘을 갖고 있지 않습니다. 따라서 어떤 주제에 당신의 주의가 가 있는 초기 단계에서는, 그것의 물질적 구현의 증거를 보기 어려울 것입니다. 그러나 당신이 아직 물질화된 증거를 보지는 못했을지라도, 당신의 주의가 가 있는 생각이 그 주파수에 부합되는 다른 생각을 끌어들이는 과정은 진행되고 있습니다. 다시 말해서, 초기 생각이 점점 더 강해지고 있다는 것입니다. 그리고 끌어당김의 힘도 점점 더 세지면서 그와 비슷한 생각이 더욱 가세하고 있다는 뜻입니다. 이런 식으로 초기 생각이 그 운동량을 얻어 가면서, 당신은 이제 커져 가는 자신의 생각 진동이 근원 에너지에 얼마나 부합되는지를 감정으로 느끼게 됩니다. 그래서 당신이 품고 있는 생각이 진정한 당신 자신을 반영하는 것이라면, 당신은 기분이 좋아질 것입니다. 반대로 그렇지 않는 생각이라면 기분이 좋지 않을 것입니다.

예를 들어 보겠습니다. 당신은 어렸을 때, 할머니에게 이런 말을 들었을지 모르겠습니다.

"애야, 너는 정말 훌륭한 아이란다. 난 너를 아주 많이 사랑해. 너는 앞으로 행복하게 잘 살게 될 거야. 넌 재주가 많은 아이니까, 세상을 위해 정말 큰일을 할 거야."

이런 말을 들었을 때 당신은 기분이 매우 좋았을 것입니다. 할머니의 말은 당신 존재의 진정한 본성에 진동적으로 조화를 이루는 말이었기 때문입니다.

하지만 누군가가 당신에게 이렇게 말했다면 어떠했을까요?

"당신은 나쁜 사람이야. 부끄러운 줄 알아야지. 당신은 날 실망시켰어. 정말 형편없는 사람이야!"

당신의 기분은 분명 엉망이었을 겁니다. 당신이 그 말을 듣는 순간 그런 말에 주의가 가게 되었고, 그래서 당신은 진정한 당신과 당신의 가슴이 이미 알고 있는 앎의 주파수에서 진동적으로 멀어져 버렸기 때문입니다.

이렇게 당신이 느끼는 기분은, 어떤 순간에 자신이 근원 에너지에 진동적으로 일치되어 있는지의 여부를 분명하고 정확하게 알려주는 신호입니다. 다시 말해 당신의 감정은, 당신과 근원 사이의 선천적인 연결을 당신이 허용하고 있는지 아니면 저항하고 있는지를 알려줍니다.

당신의 분위기가 '감정 설정 지점'을 보여 준다

어떤 생각이든 그 생각에 지속적으로 초점을 맞추게 되면, 그것에 계속해서 초점을 맞추는 일은 점점 더 쉬워집니다. 끌어당김의 법칙이 그와 비슷한 더 많은 생각에 접속할 수 있게 해주기 때문입니다. 이러한 과정을 정서적인 측면에서 말하면, 당신은 어떤 분위기 또는 태도를 발전시키고 있는 중입니다. 진동적인 측면에서 보면, 당신은 어떤 습관적인 진동 패턴 또는 진동적 홈을 만들고 있는 중입니다. 말하자면, 하나의 '진동적인 설정지점'(어떤 대상에 대해서 생각할 때마다 같은 수준의 진동을 하게 되는 습관적인 진동 지점 또는 진동 패턴_역주)을 형성하고 있는 중이라고 말할 수 있습니다.

당신의 전반적인 성향이나 분위기는 당신이 삶 속으로 무엇을 초대하는 중인지를 잘 대변해 줍니다. 어떤 것에 대한 당신의 분위기 또는 일반적인 느낌은, 당신이 그것에 대해 주로 어떤 생각을 해왔는지를 명확히 보여 주는 표지판입니다. 다시 말해서, 당신이 삶의 환경에 노출되어 당신 안에 어떤 주제를 활성화시킬 때, 당신의 진동은 언제나 즉각적으로 그와 관련해 이전부터 가장 많이 연습된 진동의 자리로 옮겨가게 됩니다.

예를 들어, 당신이 어렸을 때 부모님이 아주 극심한 재정적인 어려움을 겪고 있었다고 가정해 봅시다. 그 당시 돈이 없어서 필요한 것들을 살 수 없는 가난한 형편으로 부모님께서 걱정과 두려움으로 심각하게 대화하는 것을 자주 들었습니다. 때때로 당신이 부모님께 뭔가를 사달라고 하면, "돈은 나무처럼 자라나는 것이 아니란다. 네가 원한다고 해서 언제나 그걸 다 가질 수는 없어. 그것 없이도 사는 법을 배워야만 해. 산다는 게 다 그런 거란다."라는 말을 들었습니다. 이렇게 돈이 '부족'하다는 생각을 오랜 시간 접해오면서 돈에 관해 습관화된 생각은, 다시 말해 부족한 돈에 관한 생각에 기반해 형성된 당신의 감정설정지점은, 재정적인 성공을 별로 기대하지 않는 것이 되었습니다. 그래서 돈이나 풍요에 관해 생각할 때마다 당신의 분위기나 태도는 즉시 실망과 걱정, 또는 화라는 감정으로 들어가게 됩니다.

또 다른 예를 들면, 당신이 어렸을 때 친한 친구의 어머니가 교통사고로 돌아가셨을 수도 있습니다. 그로인해 친구는 어린 시절부터 깊은 정신적 상처를 경험하게 되었습니다. 또 그 친구와 가깝게 지내던 당신은 자기도 모르게 부모님의 안전에 대해 자주 걱정하게 되었습니다. 그래서 부모님께서 자동차를 타고 여행을 갈 때면 부모님이 돌아오실 때까지 줄곧 두려움에 사로잡히곤 했습니다. 그런 식으로 조금씩 당신은 사랑하는 이들의 안전에 대해 걱정하는 습관을 발전시켜왔습니다. 따라서 이제 당신의 **감정설정지점** 또는 분위기는 '안전하지 않는' 것이 되었습니다.

당신이 십대였을 때, 어쩌면 할머니께서 갑자기 심장마비로 돌아가셨을지도 모릅니다. 할머니가 돌아가신 이후 당신은 종종 어머니가 그녀 자신이나 아이들이 심장마비에 걸리지 않을까 걱정하는 말을 들어왔습니다. 할머니에 관한 이야기가 나오면, 거의 언제나 어머니는 할머니가 심장발작으로 일찍 돌아가신 것에 대해 이야기했고, 그것은 늘 두려움을 가져다 주었습니다. 그래서 당신이 건강해도 몸에 문제가 생길지도 모른다는 걱정이 표면 아래에서 늘 꿈틀거리게 되었습니다. 그런 걱정을 계속 하면서, 당신은 병에 걸릴지도 모른다는 '나약한 몸'이라는 감정설정지점 또는 진동 패턴을 발전시키게 된 것입니다.

당신의 감정설정지점은 달라질 수 있습니다

당신의 감정설정지점이 기본적으로 아주 좋은 기분이나 안전한 느낌에서 나쁜 기분이나 불안전한 느낌으로 바뀔 수 있습니다. 마찬가지로, 나쁜 기분이나 불완전한 느낌이 좋은 기분 또는 안전한 느낌으로 바뀔 수 있습니다. 당신의 감정설정지점은 단순히 어떤 주제에 가 있는 당신의 주의를 통해서, 그리고 당신의 연습된 생각을 통해서 만들어지기 때문입니다.

그렇지만 대다수의 사람들은 자신의 생각을 의식적으로 일으키지 않습니다. 그들은 그들 주위에 일어나는 일이 무엇이든 상관없이 그에 덩달아 생각이 일어나는 것을 그대로 방치합니다. 이를테면, 어떤 일이 일어납니다. 그러면 그들은 그저 지켜봅니다. 그리고는 자신들이 지켜본 것에 대해 감정적으로 반응합니다. 그들은 보통 자신들이 지켜보는 것을 통제할 수 없다고 느끼기에, 자신들의 감정 반응도 통제할 수 없다고 결론 내립니다.

당신은 자신의 감정설정지점에 대해 절대적인 통제력이 있습니다. 우리는 당신이 이 사실을 이해했으면 합니다. 그리고 당신이 자신의 감정설정지점을 의도적으로 발달시키는 것 또한 지극히 가치 있는 일이라는 것을 이해하길 바랍니다. 당신이 어떤 것을 기대하게 되면 그것이 당신에게 올 것이기 때문입니다. 기대하고 바라는 것의 세부적인 내용은 여러 가지로 달라질 수 있습니다. 그러나 항상 진동적 본질이 정확히 일치하는 것이 당신의 현실 속으로 물질화됩니다.

근원 에너지가 그대로 뻗어 나와 물리적으로 표현된 존재가 바로 당신입니다.
그리고 영원한 근원 에너지의 흐름이 당신에게 그리고 당신을 통해서 흐르고 있습니다.
이러한 근원에너지가 바로 진정한 당신 자신입니다.

13장

당신의 기분을
안내자로 삼으세요

기억할 가치가 있는 또 다른 중요한 전제가 있습니다. 당신은 근원 에너지가 그대로 뻗어 나와 물리적으로 표현된 존재라는 사실입니다. 그리고 영원한 근원 에너지의 흐름이 당신에게 그리고 당신을 통해서 흐르고 있다는 사실입니다. 이러한 근원 에너지가 바로 진정한 당신 자신입니다. 이 근원의 흐름은 당신이 현재 당신 자신으로 알고 있는 물리적인 존재가 태어나기 전부터 흐르고 있었습니다. 그리고 당신이 죽음을 맞이하는 순간까지도 계속해서 흐를 것입니다.

모든 살아 있는 생명체, 동물, 인간 또는 행성은 모두 죽습니다. 예외는 없습니다. 그러나 진정한 우리들 자신인, 영Spirit은 영원합니다. 영의 관점에서 보면, 죽음이란 영원한 영이 단지 자신의 관점을 바꾸는 하나의 전환일 뿐입니다. 만약 이 물리적 몸 안에서 살아가는 당신이 의식적으로 그러한 영에 연결된다면, 당신은 본질적으로 영원해지며, 어떠한 "종말endedness"도 결코 두려워하지 않게 됩니다. 영의 관점에서는 "종말"이란 아예 존재하지 않기 때문이지요. 당신은 결코 끝나지 않습니다. 당신은 영원한 의식이니까요.

감정은 이 순간 당신이 품고 있는 소망에 의해 얼마나 많은 근원 에너지가 이 물리적 현실 속으로 호출되고 있는지를 알려줍니다. 또한 감정은 어떤 주제에 대한 당신의 주요한 생각이 소망의 주파수에 부합하는지의 여부를 알려 줍니다. 예를 들면, '열정'이나 '열의'와 같은 감정은 이 순간 당신에게 아주 강한 소망이 있다는 것을 보여줍니다. '분노'나 '복수심'의 감정 또한 당신에게 아주 강한 소망이 있다는 것을 보여줍니다. 그렇지만 '무기력'하거나 '지루함'과 같은 느낌은 이 순간 당신이 아주 약한 소망을 가지고 있다는 것을 보여 줍니다.

당신이 간절하게 무언가를 원하고, 그것에 대해 생각하는 것을 즐거워한다면, 그 순간 당신의 생각 진동은 소망의 주파수에 일치되어 있습니다. 그리고 근원에서 나오는 흐름이 당신을 통해서 아무런 저항이나 제한 없이 당신의 소망을 향해서 흐르게 됩니다. 우리는 그런 상태를 '허용하기Allowing'라고 말합니다.

하지만 당신이 정말로 뭔가를 원하는데 그것에 대해 두려움이나 실망 또는 화가 난다면, 그것은 당신이 소망하는 것의 정반대 쪽에 초점을 맞추고 있다는 것을 의미합니다. 그 순간에 당신은 자신의 진동 속으로 소망에 부합되지 않는 진동을 끌어들이고 있는 것입니다. 그때 당신이 느끼는 부정적인 감정의 정도는 소망을 받아들이는 것에 대한 저항의 정도를 알려 줍니다.

느낌에 주의를 기울이는 법을 배우세요

좋은 감정이든 나쁜 감정이든 상관없이 당신이 강한 감정을 느낄 때, 당신의 소망도 강합니다.

좋은 감정이든 나쁜 감정이든 상관없이 당신이 느끼는 감정이 약할 때, 당신의 소망도 약합니다.

당신이 기분 좋은 감정을 느낄 때, 그것이 강하든 약하든 상관없이, 당신은 자신의 소망이 실현되는 것을 허용하고 있습니다.

당신의 기분 나쁜 감정을 느낄 때, 그것이 강하든 약하든 상관없이, 당신은 소망이 실현되는 것을 가로막고 있습니다.

이렇게 감정은 당신이 그 순간 어떤 진동 상태에 있는지를 알려 주는 절대적인 신호입니다. 그러므로 그것은 당신의 끌어당김 자력을, 다시 말해 우주가 당신의 창조 요청으로 받아들이고 있는 당신의 진동 상태를 완벽히 반영해 줍니다. 그래서 감정은 어떤 순간에 당신의 소망이 실현되는 것을 허락하고 있는지 아닌지를 당신이 알 수 있도록 돕고 있습니다.

당신은 자신의 감정을 스스로 통제할 수 없다고 믿거나 또는 통제해야만 한다고 믿을 수도 있습니다. 하지만 우리는 당신이 약간 다른 방식으로 접근하기를 바랍니다. 다시 말해서, 당신이 느끼는 감정에 주의를 기울여 가고, 감정이 소중한 안내 표지판으로서 당신을 도울 수 있도록 허용해 주기를 격려합니다.

공허한 느낌은 당신에게 중요한 뭔가를 알려 줍니다

자동차 계기판의 연료 게이지가 연료가 바닥 난 상태를 가리킬 때, 당신은 게이지를 탓하지 않습니다. 당신은 계기판의 게이지를 보고 연료를 채울 계획을 합니다. 이와 비슷하게, 부정적인 감정은 당신이 현재 선택한 생각이 근원 에너지와 조화롭지 않은 진동을 내보내는 중이라는 것을 알려 주는 신호입니다. 즉 당신이 현재 근원 에너지의 흐름과의 완전한 연결을 허용하고 있지 않다는 것을 보여 주는 표시입니다. 이것을 비유하면 연료가 바닥 난 자동차라고 할 수 있습니다.

감정이 창조하는 것은 아닙니다. 감정은 당신이 현재 무엇을 끌어당기고 있는지를 알려줄 뿐입니다. 만약 현재 당신이 소망과 상충되는 생각을 품고 있다는 것을 감정이 알려 준다면, 그것을 바꾸기 위한 뭔가를 하세요. 즉, 더 기분 좋은 생각을 선택해서 근원 에너지에 당신 자신을 다시 연결하십시오.

"당신의 기쁨을 따르라"는 말은 긍정적인 생각이 아닌가요?

우리가 전에 언급했듯이 '긍정적인 생각의 힘'에 관해 쓰인 책이 많이 있습니다. 우리도 긍정적인 생각의 힘을 확실히 지지합니다. 그 중에서도 "당신의 기쁨을 따르라"는 말은 이제껏 인간들에게 주어진 교훈 중 최고의 것입니다. 왜냐하면 지속적으로 기쁨을 향해 가려면, 반드시 근원 에너지에 당신 자신을 일치시켜야 하기 때문입니다. 그래서 근원과의 진동적인 일치 상태를 항상적으로 유지해 갈 때, 현재 당신은 삶 속에서 웰빙만을 누리게 될 것입니다. 하지만 당신이 기쁨을 느끼기에는 너무나 어려운 상황에 빠져 있다면, 기쁨을 향해 나아간다는 것은 매우 어려울 것입니다. 끌어당김의 법칙은 진동적으로 큰 차이가 나는 비약적인 진동의 도약을 허락하지 않기 때문입니다. 그것은 마치 라디오의 다이얼을 FM 101에 맞추고 AM 630에서 방송하는 음악을 청취할 수 없는 것과 같은 이유입니다.

당신은 당신의 생각을 지휘할 능력이 있습니다

당신은 자신의 생각을 지휘해 갈 능력이 있습니다. 당신은 현재 삶에서 일어나는 일들을 단지 관찰할 수도 있고, 자신이 바라는 모습으로 상상할 수도 있습니다. 당신에겐 선택권이 있습니다. 하지만 어떤 쪽을 선택하든 그것은 모두 똑같이 강력합니다. 당신은 과거에 실제로 있던 일을 그대로 기억할 수도 있지만, 그것을 자신이 좋아하는 방식 속에서 일어난 모습으로 상상할 수도 있는 선택권을 가지고 있습니다. 또한 당신은 즐거웠던 일을 기억해 내거나, 즐겁지 않았던 일을 기억해 낼 수도 있습니다. 그리고 원하는 일이 일어나는 것을 기대할 수도 있고, 원치 않는 일이 일어날지도 모른다는 생각을 할 수도 있습니다. 이런 모든 것은 당신 안에 끌어당김 자력으로 작용할 어떤 진동을 만들어냅니다. 그러면 그 진동에 상응하는 상황과 사건이 당신의 삶에 등장하기 위해 정렬됩니다.

당신은 자신이 결정한 어떤 것에든 주의를 기울일 수 있습니다. 따라서 당신은 원하지 않는 어떤 것에서 당신의 주의를 돌려 원하는 것으로 향하게 할 수 있습니다. 하지만 당신 안의 어떤 진동이 충분히 오랫동안 연습해 숙달된 것이라면, 그것이 달라지길 아무리 원해도 그 익숙해진 진동을 계속해서 내보내려는 경향이 있습니다.
진동 패턴을 변화시키는 것은 어려운 일이 아닙니다. 특히 한 번에 조금씩 점진적으로 변화시킬 수 있다는 점을 이해할 때 더욱 쉬워집니다. 따라서 당신이 진동이 작용하는 방식과 그것이 당신의 경험에 영향을 미치는 방식, 그리고 가장 중요한 것으로서 감정이 당신의 진동 상태에 대해 알려 주는 것을 이해하게 된다면, 당신은 이제 어떤 소망이든 그것을 실현시킬 수 있는 방향을 향해서 꾸준하고도 빠른 발걸음을 내딛을 수 있게 됩니다.

만일 우리가 당신처럼 몸을 입고 살아간다면

어떤 일을 일어나게 하는 것은 당신의 역할이 아닙니다. 우주적 권능(힘)이 그에 관한 모든 일을 처리하기 때문입니다. 당신의 일은 단순히 원하는 것을 결정하는 것입니다. 물리적 삶의 환경은 다양성과 대조로 넘쳐나고 있기 때문에, 당신은 선호하는 것들의 끊임없는 탄생을 중단시킬 수 없습니다. 당신의 삶은, 의식적이거나 무의식적인 차원에서, 자신이 더 선호하는 것이 무엇인지, 그리고 개인적으로 삶을 더 나아지게 할 수 있는 방법이 무엇인지를 결정하도록 당신을 돕고 있습니다. 그리고 그렇게 정의된 당신의 의식적이고 무의식적인 모든 소망(또는 요청)에 근원 에너지가 응답합니다.

당신은 원하지 않는 경험을 통해서 자신이 정말로 원하는 것을 알게 됩니다. 하지만 당신이 원하지 않는 것을 고통 속에서 알아차리고 있다면, 당신은 소망의 주파수에 정렬된 상태가 아닙니다. 바라는 것이 가능하지 않는 일이라고 믿는다면, 당신은 소망의 주파수에 정렬되지 않았습니다. 또한 원하는 것이 있는데 아직 그것을 갖지 못해서 불행해 한다면, 당신은 아직 소망에 정렬되지 않았습니다. 당신이 바라는 어떤 것을 갖고 있는 사람에 대해 질투한다면, 당신은 소망의 주파수에 정렬되지 않은 것입니다.

만약 우리가 당신처럼 물리적 몸 안에서 살아간다면, 우리는 언제나 우리가 바라는 소망과 선호의 주파수에 우리 자신을 일치시켜주는 것들에 시선을 둘 것입니다. 그래서 진동적으로 정렬된 상태에 있는지를 의식적으로 느끼고자 할 것입니다.

자연스런 소망을 억누를 수 없습니다

당신의 모든 소망과 선호는 당신으로부터 자연스럽게 끊임없이 생겨납니다. 그것은 당신이 지금 물리적 지구라는 창조의 최선단 영역에 서 있기 때문에 일어나는 일입니다. 그래서 당신은 자신의 자연스런 소망들을 억누를 수 없습니다. 당신으로부터 소망이 계속해서 생겨나는 것이 우주의 자연스런 섭리입니다.

영원히 확장해 가는 이 우주의 근본 원리는 다음과 같이 단순합니다.

• 다양성과 차이로 인해 사색하고 숙고하게 된다.

- 숙고를 통해 개인적인 소망과 선호가 생겨난다.
- 소망하고 선호하는 것은 요청하는 것과 같다.
- 요청하면 언제나 우주가 응답한다.

당신이 자신의 경험을 창조하는 것과 관련해서 스스로 물어야 할 중요한 질문 한 가지가 있습니다.

"어떻게 하면 삶의 경험을 통해 갖게 된 소망의 주파수에 내 자신을 진동적으로 일치시킬 수 있을까?"

그 질문에 대한 답변은 간단합니다.

"당신이 느끼는 기분에 주의를 기울이세요. 그리고 모든 주제에 관해서 더 기분 좋게 느껴지는 생각을 의도적으로 선택하세요."

당신이 원했던 것들과는 다르게 원하지 않았던 일을 경험했던 이유는,
당신의 주의가 소망하는 것에 가 있지 않았기 때문입니다. 그것이 유일한 이유입니다.

14장

지구별에 오기 전에
당신이 알고 있던 사실들

당신은 근원 에너지를 이 물리적 삶 속의 특정한 대상(소망)으로 이끌어가는 기쁨을 체험하기 위해서, 이 시공간 현실로 들어온 창조자입니다. 이 사실을 기억해낸다면 큰 도움이 될 것입니다.

당신이 육체적인 몸을 입기로 결정했을 때, 자신이 창조자라는 사실과 이 지구 환경이 당신만의 독특한 창조를 자극할 것임을 알고 있었습니다. 또한 당신이 요청한 것은 무엇이든 언제나 응답될 것임을 알고 있었습니다. 그리고 소망을 실현하기 위해 근원이 당신을 통해서 흐르게 되리라는 것도 이해하면서, 당신만의 특정한 소망을 정의해내도록 고무시킬 개인적인 관점에 대해서도 무척 흥분했습니다.

당신은 또한 다음의 사실도 알고 있었습니다.

- 언제나 기쁨이나 웰빙(행복)의 느낌을 추구할 때, 당신은 항상 바라는 것을 향해 움직이게 된다.

- 소망을 향해 나아가는 과정 속에서, 기쁨을 체험하게 된다.

- 이 지구 환경 속에서 당신은 경이로운 삶의 체험들을 끌어들이는 기쁨의 자리로 당신의 진동을 주조해낼 충분한 통로를 갖게 된다.

- 근원의 행복 물결인 웰빙이 이 놀라운 우주의 토대다. 따라서 당신은 자신의 생각을 기쁨이 넘치는 체험으로 주조해낼 기회를 충분히 갖게 된다.

- 웰빙이라는 행복 물결은 무한히 넘쳐난다. 따라서 당신은 다양성과 대조로 넘쳐나는 이 물질 세상의 환경 속으로 들어가는 것에 대해 걱정하거나 위험을 느끼지 않았다.

- 다양성은 당신이 자신만의 독특한 삶을 선택하는 것을 도와 줄 것이다.

- 당신이 할 일은 당신의 생각을 지휘하는 것이다. 생각을 지휘하게 됨으로써 당신의 삶은 경이롭게 펼쳐지게 된다.

- 당신은 근원 에너지가 그대로 뻗어 나와 물리적으로 표현된 영원한 존재다. 또한 당신의 근본은 선하고 멋지다.

- 당신은 근원의 웰빙이 당신을 통해서 항상적으로 흐르는 것을 쉽게 허용할 수 있다.

- 당신은 결코 근원에서 멀리 떨어질 수 없으며, 어떠한 삶의 체험도 자신에게서 근원을 완전히 분리할 수 없다.

- 당신은 자신의 생각이 어느 방향에 있는지를 알 수 있도록 돕게 될 감정(기분)을 즉시 느끼게 될 것이며, 그 감정들은 당신이 어떤 순간에 소망을 향해 나아가고 있는지, 아니면 소망과 멀어지고 있는지 즉각적으로 알려주게 될 것이다.

- 매순간 당신은 기분을 통해서 웰빙의 흐름을 자신이 얼마나 허락하고 있는지 알게 된다. 그래서 당신은 경이로운 삶에 대한 설레는 기대감을 갖고서 이 지구 체험 속으로 들어왔다.

- 지구별에서는 어떤 생각도 즉시 물질화되지 않는다. 따라서 당신은

자신의 생각을 통해 에너지를 주조해보고, 평가해보고, 무엇을 창조할 것인지를 결정하는, 그런 창조의 과정 자체를 즐길 충분한 기회를 가진다는 사실도 알고 있었다.

무언가를 창조하기 위해 생각을 일으킨 시점부터 그것이 물질적으로 구현되기까지 걸리는 시간을 '버퍼링 시간'이라 부릅니다. 이러한 시간의 차이가 있는 경이로운 버퍼링 시간 동안에, 당신은 자신이 품은 생각이 어떻게 느껴지는지 음미해보고, 더 기분 좋은 다른 생각을 선택할 것입니다. 그런 다음에 당신은 절대적인 기대감 속에서 소망한 모든 것이 부드럽고 꾸준하게 삶 속에 펼쳐지는 걸 즐기게 될 것입니다.

많은 것을 알고 있는데, 왜 나는 아직도 성공하지 못한 걸까요?

당신이 바라는 것을 갖지 못한 채 살아야 할 이유는 없습니다. 원하지 않는 어떤 일을 경험해야 할 이유도 전혀 없습니다. 바로 당신이 자신의 경험에 대한 절대적인 통제권을 갖고 있기 때문입니다.

때때로 사람들은 우리의 이 강력한 진술에 동의하지 않습니다. 원했는데 누리지 못한 것이 있거나 원하지 않았는데도 경험한 것이 있기 때문입니다. 그래서 그들은 자신들이 자신의 모든 경험을 창조한 창조자일리가 없다고 굳게 믿습니다. 그들이 정말로 자신들의 삶에 있어 전적인 창조자였다면, 원치 않는 일들은 결코 끌어오지는 않았을 거라고 생각합니다. 달리 말하면, 그들이 진실로 자신의 경험을 통제할 수가 있었다면, 일들이 지금과는 전혀 다른 양상으로 전개되었을 거라고 반박하는 것입니다.

당신의 모든 경험에 대한 통제력과 통제권이 당신 자신에게 있다는 사실을 깨닫게 되길 바랍니다. 당신이 원했던 것과는 다르게 원하지 않았던 일을 경험했던 이유는, 당신의 주의가 소망하는 것에가 있지 않았기 때문입니다. 그것이 유일한 이유입니다.

'끌어당김의 법칙'을 신뢰할 수 있을까요?

끌어당김의 법칙은 언제나 당신이 품고 있는 생각과 진동적 본질이 같은 것을 당신에게 가져다줍니다. 이것에 예외가 없습니다. 당신은 원하는 것이든 원하지 않는 것이든 상관없이, 자신이 생각하는 것을 얻게 됩니다.

그리고 연습을 통해서 마침내 당신은 끌어당김의 법칙이 언제나 일관적으로 작용한다는 것을 기억하게 될 것입니다. 끌어당김의 법칙은 결코 당신을 속이지 않습니다. 결코 당신을 기만하지 않습니다. 또한 당신을 혼란스럽게 하지도 않습니다. 끌어당김의 법칙은 당신이 내보내는 진동 그대로 정확히 반응하기 때문입니다. 하지만 많은 사람들이 혼란을 겪는 이유는, 그들 자신이 진동을 내보내고 있다는 사실을 깨닫지 못하기 때문입니다. 그들은 어떤 특정한 소망을 가지고 있다는 것과 그 소망이 아직 실현되지 않았다는 것은 알고 있습니다. 하지만 그들은 자신이 하는 생각이 주로 소망과 상충되는 생각이라는 사실을 종종 깨닫지 못하고 있습니다.

당신이 자신의 감정안내시스템을 이해하게 된다면, 더 이상 무지 속에서 소망에 상충되는 진동을 내보내지 않을 것입니다. 시간을 들여 연습해가면, 머지않아 소중한 안내 역할을 하는 자신의 감정에 대해 아주 예민하게 알아차리는 단계에 이르게 됩니다. 그때 당신은 각각의 모든 순간에 당신이 초점을 맞추고 있는 생각이 소망 쪽으로 당신을 데려가는지, 아니면 소망에서 멀어지는 쪽으로 데려가는지를 명확히 알 수 있습니다. 문자 그대로, 당신은 자신이 바라는 것을 향해 가는지 그렇지 않은지에 대해 느끼는 법을 배우게 될 것입니다. 그 모든 주제에 대해서 말이죠.

당신의 세계는 근원의 웰빙에 기초해 만들어져 있습니다. 당신은 웰빙의 절대적 행복물결을 자신의 삶 속에 허락할 수도 있고 허락하지 않을 수도 있습니다. 하지만 어떠한 경우에도 웰빙이 당신 세상의 토대라는 사실에는 변함이 없습니다. 그리고 끌어당김의 법칙은 '자신과 비슷한 것을 자신에게 끌어당긴다'는 것을 뜻합니다. 따라서 그게 무엇이든 당신의 주의가 가 있는 것과 본질이 같은 것이 당신의 삶속으로 끌려와 펼쳐지게 됩니다. 그러므로 당신이 될 수 없고, 할 수 없고, 가질 수 없는 것은 아무것도 없습니다. 이것은 우주 법칙입니다.

내가 가고 싶은 샌디에고에 도착할 수가 없어요!

그런데 우리가 말한 이 모든 것이 진실이라고 한다면(우리는 그것이 진실이라는 것을 당신에게 절대적으로 약속할 수 있습니다), 그토록 많은 사람들이 원하지 않는 것을 체험하면서 살아가고 있는 이유는 무엇일까요?

먼저 다음의 질문을 숙고해 보시기 바랍니다.

"현재 저는 미국 중부 도시인 애리조나 주의 피닉스에 있습니다. 그런데 서부 해안에 위치한 캘리포니아 주 샌디에고로 가려고 합니다. 어떻게 해야 갈 수 있을까요?"

이 질문에 대한 답변은 간단합니다. 어떤 교통수단이든 상관없습니다. 비행기를 타든 자동차를 운전하든, 심지어 걸어서라도 샌디에고 쪽으로 계속 일관되게 간다면, 언젠가 반드시 샌디에고에 도착하게 될 것입니다.

만약 샌디에고로 가는 도중에 방향 감각을 잃고 뒤돌아 피닉스 쪽을 향해서 가다가, 다시 돌아서서 샌디에고를 향해 가고, 그러다가 다시 혼란에 빠져 피닉스 쪽으로 되돌아가고…… 만약 이런 식으로 한다면, 아마도 당신은 남은 인생의 대부분을 왔다갔다 하면서 시간을 허비할 것입니다. 당신이 가려고 했던 샌디에고에는 결코 도착하지 못할 것입니다. 하지만 방향에 대한 지식이 있다면, 그리고 도로 표지판과 다른 여행자들의 도움이 있다면, 당신이 애리조나의 사막에서 길을 잃고 영원히 헤매는 일은 결코 없을 겁니다. 두 도시 사이의 600km에 이르는 여행은 그리 어려운 일이 아니며, 결코 허황된 여행 계획이 아닙니다. 당신에게 그런 여행에 대한 소망이 생겼다면, 그것을 실행하는 길도 반드시 찾을 수 있습니다.

여기서 당신이 이해하길 바라는 것이 있습니다. 어떤 주제에 관해서든 당신이 현재 있는 삶의 자리에서 바라는 삶의 자리로 향해 가는 여행도 피닉스에서 샌디에고로 가는 여행만큼이나 쉽습니다. 여행 도중에 자신이 어디를 향하고 있는지를 명확히 알 수 있는 방법을 이해하기만 한다면 말이죠.

예를 들어, 재정적으로 궁핍한 상태에서 풍요로운 상태로 옮겨가는 일이 무척 어렵게 느껴지는 이유는, 당신이 풍요 쪽으로 가다가 도중에 방향을 돌려 그 반대쪽으로 가고 있는데도 그 사실을 모르고 있기 때문입니다. 그리고 대인관계에 있어 불만족스러운 상태에서 자신이 바라는 완벽하고 멋진 관계로 바꾸지 못하는 이유는, 방향을 돌려 당신을 다시 피닉스로 돌아가게 하는 당신 자신의 생각과 말들이 지닌 힘에 대해서 당신이 아직 모르고 있기 때문입니다.

당신은 피닉스에서 샌디에고로 가는 여행에 필요한 모든 요소를 명확히 알고 있습니다. 하지만 병든 상태에서 건강한 상태로, 불만족스러운 관계에서 자신이 원했던 만족스런 관계로, 또는 재정적으로 궁핍한 상태에서 원하는 모든 것을 자유롭게 누릴 수 있는 풍요로운 상태로 나아가는 여정에 있어 필요한 요소들을 지금까지는 이해하지 못하고 살아왔던 것일 뿐입니다.

일단 당신이 자신의 감정이 제공하는 정보를 명확히 이해하게 된다면, 자신의 생각으로 현재 무엇을 끌어들이고 있는지 알지 못하는 일은 두 번 다시 없을 것입니다. 당신은 항상 자신이 의도한 목표나 소망을 향해서 나아가고 있는지 아니면 멀어지는 방향으로 향해 가는지를 명확히 알게 될 것입니다. 당신이 느끼는 기분과 감정에 대한 명확한 알아차림은 이제껏 찾아 왔던 명료함을 당신에게 제공해 줄 것입니다. 그래서 더 이상 피닉스의 사막 한가운데서 길을 잃고 헤매는 일도 없을 것입니다. 일단 당신이 소망을 실현하는 방향으로 나아가고 있다는 사실을 알게 된다면, 아마도 당신은 좀 더 편안한 상태에서 이 환상적인 여정을 즐기게 될 것입니다.

당신이 현재 초점을 맞추고 있는 창조의 최첨단 영역인 지구라는 물리적 환경은
그 안에서 살아가는 모든 이들에게 끊임없이 새로운 소망이 태어나도록 자극합니다.

15장

당신은 영원히 확장중인
완전한 우주 안에서,
영원히 확장해 가는 완전한 존재입니다

당신이 다음의 진실을 아는 것이 중요합니다.

· 당신은 근원 에너지가 그대로 뻗어 나와 물리적으로 표현된 존재입니다.

· 당신이 살고 있는 물리적 세상은 창조를 위한 완벽한 환경을 제공해 줍니다.

· 세상에 존재하는 무한한 다양성은 당신 자신만의 개인적인 소망이나 선호에 초점을 맞추도록 도와줍니다.

- 당신이 소망에 초점을 맞출 때, 근원의 창조적 생명력이 즉시 호출되어 소망을 향해 흐르기 시작합니다. 그 결과 우주가 확장합니다. 그렇기에 소망을 품는 것은 좋고 멋진 일입니다.

- 창조 과정 또는 창조 공식에 대한 당신의 의식적인 자각이 없을지라도, 우주는 계속해서 확장합니다.

- 당신이 초점을 맞추고 있는 창조의 최첨단 영역인 지구라는 물리적 환경은 그 안에서 살아가는 모든 이들에게 끊임없이 새로운 소망이 태어나도록 자극합니다.

- 당신의 크고 작은 각각의 모든 소망이나 선호는 근원에 의해 완전히 이해되고 100% 응답됩니다.

- 의식이 있는 모든 존재들이 송출하는 각각의 모든 소망이 응답됨으로써 우주가 확장하게 됩니다.

- 우주가 확장될 때, 다양성이 확장됩니다.

- 다양성이 확장될 때, 당신의 경험도 확장됩니다.

- 당신의 경험이 확장될 때, 당신의 소망도 확장됩니다.

- 당신의 소망이 확장될 때, 소망에 대한 응답도 확장됩니다.

- 그 결과 우주가 확장되기에 이 모든 것이 멋지고 좋은 것입니다. 실상 그것은 완벽한 과정입니다.

- 당신은 늘 당신 안에 새로운 소망이 탄생되도록 자극하는 영원히 확장중인 환경 속에서 살고 있습니다. 그리고 근원은 그렇게 탄생된 모든 소망에 대해 언제나 즉시 응답합니다.

- 당신이 요청한 소망을 삶 속에서 누려갈 때, 당신은 동시적으로 또 다른 새로운 소망을 요청하게 될 새로운 관점을 갖게 됩니다.

- 우주의 확장과 당신의 개인적인 확장은 언제나 다음과 같이 이루어집니다.

  - 당신은 확장해 가는 우주 안에 살고 있습니다.
  - 당신은 확장해 가는 물리적 세상 안에 살고 있습니다.
  - 당신은 체험적으로 확장해 가는 존재입니다.
  - 당신이 그것을 의식적으로 이해하든 이해하지 못하든, 이 모든 일은 그저 일어나고 있습니다.
  - 이 우주는 영원히 확장해 가고 있으며, 당신 또한 그렇습니다.
  - 이 모든 것이 멋지고 좋습니다.

자신의 감미로운 확장에 의식적으로 참여하세요

이러한 우리의 관점을 열렬히 제공하는 유일한 이유가 있습니다. 당신이 의식적이고 자각적으로 당신 자신의 감미로운 확장에 참여하길 바라기 때문입니다.

당신의 확장은 이미 정해진 사실입니다. 당신이 살고 있는 물리적 시공간 현실의 확장도 기정사실입니다. 이 우주의 확장도 마찬가지입니다. 따라서 당신이 의식적이고 의도적으로 자신의 확장에 참여하게 되면, 지금까지 느껴보지 못한 훨씬 더 큰 충만감을 맛볼 것입니다.

16장

당신들은 웅장할 정도로 다양한 우주 안에서 함께 창조해 가고 있다

당신이 뭔가에 대해 상상하거나 생각한다면, 우주는 그것을 당신에게 배달해 줄 충분한 능력과 자원이 있습니다.

우주는 상상 가능한 온갖 재료와 모든 것이 완벽하게 잘 갖춰져 있는 부엌과도 같기 때문입니다. 그리고 이 우주의 모든 것에는 원하는 것과 원하는 것의 결핍이 동시에 존재합니다. 이러한 풍요와 풍요의 결핍에 관한 관점이 어느 한 쪽에 초점 맞추는 것을 가능하게 하는 환경을 만듭니다. 그래서 당신의 초점이 어디에 맞춰지는가에 따라 그것의 진동이 당신의 진동으로 활성화됩니다. 그러면 즉시 끌어당김의 법칙이 그 진동에 그대로 반응하게 됩니다.

만약 당신이 원하는 것을 알 수 있는 능력이 없다면, 원하지 않는 것을 알 수 있는 능력도 없을 것입니다. 따라서 당신이 원하지 않는 것을 알지 못하면 원하는 것도 알 수 없습니다. 그렇기에 당신의 자연스런 선호나 소망의 탄생은 당신이 삶의 다양한 체험들 속에 노출됨으로써 가능하게 된 것입니다. 실제로 이러한 선호들은 매일 매순간 당신 존재의 여러 수준을 통해서 진동의 형태로 송출되고 있습니다. 심지어 당신의 몸 안에 있는 세포들조차도 각기 그들 자신만의 경험을 해가면서 그들 자신의 선호를 송출합니다. 그리고 각각의 모든 선호는 근원에 의해 명확히 이해되고 즉각적으로 응답됩니다. 어떠한 예외도 없이 말이죠.

원하는 것을 받아들이기 위해서는 원하지 않는 것도 허용해야 합니다

때때로 사람들은 이 우주가 덜 다양했으면 좋겠다고 말합니다. 그들은 원치 않는 것들이 많지 않은 환경에서 살고 싶어 합니다. 그리고 자신들이 좋아하는 일만 일어나는 환경에서 살기를 갈망합니다. 그러면 우리는 항상 이렇게 설명합니다. 당신은 이 세상의 다양한 경험들 중에서 자신이 좋아하는 몇 가지만 남겨두고 그 나머지는 제거하기 위해서 이 물리적 체험 속으로 들어오지 않았습니다. 만약 당신이 그렇게 한다면 모든 체험의 종말로 이어질 것인데요, 그런 일은 결코 일어나지 않습니다. 이곳은 영원히 확장하고 있는 우주입니다. 그러한 확장을 위해 당신은 모든 체험을 반드시 허용해 주어야 합니다. 다시 말해서, 당신이 바라는 것을 이해하고 체험하기 위해서는 먼저 자신이 바라지 않는 것을 이해해야만 하는 것입니다. 또한 당신이 원하는 것을 선택해서 그것에 초점을 맞추기 위해서는 바라는 것과 바라지 않는 것 두 가지 모두가 존재해야 하고 두 가지 모두를 이해해야만 합니다.

고장난 세상을 고치기 위해서 이 세상에 온 것이 아닙니다

비물리적 근원 에너지가 당신을 통해서 표현되고 있는 당신의 물리적 체험은 진실로 창조를 일궈가는 생각의 최선단 영역입니다. 그리고 자신의 창조 체험을 정밀히 조율해 가고 있을 때 당신은 이전에 존재했던 그 모든 생각을 넘어서는 새로운 생각을 취해가고 있습니다.

당신이 이 물리적 몸속으로 들어와 창조해 가기로 열정에 찬 결정을 했을 때, 광대한 관점의 비물리적인 당신은 이 세상이 수리가 필요한 고장난 상태가 전혀 아니라는 것을 알고 있었습니다. 당신은 결코 망가진 세상을 구원하거나 수리하기 위해서 오지 않았습니다.

당신은 이 물질 세상을 당신과 다른 모든 사람들이 각자 자신들을 창조적으로 표현할 수 있는 아주 매력적인 환경으로 보았습니다. 당신이 이곳에 들어온 것은 다른 사람들이 하고 있는 일들을 중단시키고 다른 일을 하도록 설득하기 위해서가 아닙니다. 당신은 진실로 대조로 가득 찬 이 물리적 환경의 가치와 다양성 속에 있는 균형을 이해한 상태에서 이 세상으로 들어온 것입니다.

지구에서 살아가는 모든 존재는 당신과 공동 창조를 해가는 동료입니다. 이러한 진실을 받아들이고 이 세상의 무수한 신념과 소망의 다양성에 감사한다면, 여러분 모두는 더 만족스럽고 더 충족되면서 더욱 확장되는 경험을 하게 될 것입니다.

요리에 원하지 않는 재료는 넣지 마세요

당신 자신을 어떤 요리든 만들 수 있는 온갖 재료가 완벽히 갖추어진 근사한 주방의 요리사라고 상상해보세요. 당신은 만들고 싶은 음식에 대해 명확히 알고 있으며, 당장 사용할 수 있는 온갖 재료로 원하는 음식을 만드는 요리법에 대해서도 잘 알고 있습니다. 그런데 그 주방에는 음식을 요리하는데 필요하지 않거나 적절하지 않은 재료도 많이 있습니다. 당신은 그런 재료를 사용하지는 않지만 그 재료가 주방 안에 있다고 해서 전혀 불편해하거나 걱정하지 않습니다. 단지 자신이 만들고자 하는 요리를 빛나게 해줄 재료만 선택해서 사용할 뿐입니다. 자신의 파이 요리에 적합하지 않은 재료들은 그대로 놔둡니다.

주방에 있는 재료 중에 어떤 것은 당신이 만들고 싶은 음식에 적합하지만 그렇지 않은 재료들도 있습니다. 당신은 요리에 적절치 않는 재료 중 일부라도 넣으면 그 요리가 완전히 엉망이 될 수도 있다는 걸 알지만, 그 재료들을 내다버리거나 주방에 들이는 걸 반대할 필요성을 전혀 느끼지 못합니다. 당신이 만드는 파이 요리에 그런 재료들을 집어넣지만 않는다면, 그 재료들이 파이 요리를 망가뜨리지 않는다는 것을 잘 알고 있기 때문입니다. 또한 당신은 파이의 맛을 더해 줄 재료와 그렇지 않는 재료를 명확히 알고 있기에 주방에 있는 요리 재료들이 다양하고 많은 것에 대해 전혀 개의치 않습니다.

다양한 생각과 경험을 위한 충분한 공간이 있습니다

실로 놀라울 정도로 다양한 경험, 신념 그리고 소망이 존재하는 이 물질 세상을 축복받은 창조적 환경으로 바라보는 근원의 관점을 받아들인다면, 당신은 그토록 다양한 것들 중의 일부를 제거하거나 통제할 필요성을 전혀 느끼지 못하게 될 것입니다.

영원히 확장해 가는 이 우주에는 그 모든 다양한 생각과 경험이 함께 존재할 수 있을 만큼 충분한 공간이 있다는 것을 당신은 이해하고 있었습니다. 또한 이 세상 속으로 들어오면서 당신은 삶의 경험과 창조들을 의도적이고 자각적으로 통제해가는 '의식적 창조자'가 되리라는 의도를 가졌습니다. 하지만 다른 이들의 창조를 통제할 의도는 전혀 갖지 않았습니다.

이 세상 속으로 들어오기 전에, 당신은 모든 사람들 각자가 자신의 경험을 창조해내는 창조자라는 사실을 알고 있었습니다. 그리고 다양성에 대한 대조적 반추를 통해서 특정한 방향의 소망을 갖게 되리라는 것도 이해하고 있었습니다. 그렇기에 세상에 존재하는 무수한 다양성은 당신을 두렵게 하지 않았습니다. 오히려 당신에게 창조적 영감을 고무시켰습니다. 그러한 물질 세상의 다양한 환경 속에서 다른 이들은 당신과 다른 선택들을 할 수 있습니다. 그렇다고 그 선택이, 그들은 틀렸고 당신이 옳다거나 또는 그들은 옳고 당신이 틀린 것으로 만들지 않습니다. 당신은 진실로 다양성 속에 담긴 창조성의 소중한 가치를 충분히 이해하고 이 세상에 들어왔습니다.

우주가 확장되는 과정

이 물리적 삶의 다양성 또는 대조로부터, 당신만의 독특한 선호와 소망이 태어납니다. 당신 안에 선호하는 것들이 생겨나기 시작한 그 순간부터, 당신이 좋아하는 것에 담긴 진동과 본질이 같은 것들이 끌어당김의 법칙에 의해서 당신에게 끌려오기 시작합니다. 그래서 그 소망은 즉시 확장되기 시작합니다.

따라서 당신이 새로 태어난 선호와 관련해 자신이 느끼는 기분에 주의를 기울이면서 기분 좋게 느껴지는 생각을 지속적으로 선택하면, 당신은 소망의 주파수에 진동적으로 정렬된 상태를 유지하게 됩니다. 그러면 그때부터 바라던 것들이 부드럽고 쉽게 당신의 체험 속으로 들어오게 됩니다. 이제 소망이 물리적 삶 속에 실현된 것입니다. 하지만 이렇게 실현된 소망과 함께 이제 더 확장되고 발전된 새로운 관점이 당신 안에 자리 잡게 됩니다. 그 결과 당신 존재의 진동적 특성 및 당신에 관한 모든 것이 얼마간 변하게 됩니다. 그리고 당신은 또 다른 당신 안에 새로운 소망이 태어나는 걸 자극할 일련의 새로운 대조적 상황들 속으로 움직여 갑니다. 그래서 당신은 다시 새로운 소망의 로켓을 쏘아 올리게 됩니다.

이렇게 다시 새로운 소망이 존재하게 된 그 순간부터, 또 다시 위에서 말한 과정이 진행됩니다. 새롭게 쏘아 올린 소망의 진동은 자신과 진동적 조화를 이루는 비슷한 생각 진동을 자신에게 끌어들이면서 확장해갑니다. 그러한 과정 속에서 자신의 기분에 주의를 기울여가면서 새로운 소망과 관련해 더 기분 좋은 생각을 계속 선택해가면, 당신은 그 새로운 소망에 진동적으로 정렬하게 됩니다. 그러면 그것이 부드럽고 쉽게 당신의 체험 속으로 들어오게 됩니다. 그렇게 또다시 당신은 자신이 바라는 것을 창조해냈습니다. 그리고 또다시 새로운 대조적 요소들이 강력히 펼쳐지는 자리로 옮겨가게 된 것입니다. 그러면 또 다른 새로운 상황과 함께 새로운 관점 속으로 들어선 당신에게서 또 다른 새로운 소망의 로켓이 발사됩니다.

이것이 바로 우주가 확장하는 방식이며, 창조의 최선단 영역인 지구에 당신이 있는 이유이기도 합니다. 삶 속의 대조적 상황들이 당신 안에 그 끝을 모르는 새로운 소망의 탄생을 자극하고 있으며,

그렇게 해서 소망이 태어나면, 근원은 그 모든 소망에 응답하게 됩니다. 어떠한 예외도 없이 말이죠. 이러한 과정이 바로 결코 끝나지 않고, 영원히 흐르는, 순수한 긍정적 에너지인 근원이 확장해 가는 모습입니다.

종착역이 없는, 당신의 여정을 즐기세요

당신이 창조적 관점에 서서, 어떻게 각각의 새로운 성취가 또 다른 새로운 소망을 낳는지를 의식적으로 관찰해 본다면, 이 확장하는 우주 속에서 당신이 맡고 있는 역할을 개인적으로 이해하기 시작할 것입니다. 그리고 머지않아, 확장중인 우주와 관련된 자신의 역할을 결코 끝낼 수 없다는 것도 이해하게 될 것입니다. 그러한 진실을 당신이 이해할 수밖에 없는 이유는, 이제 당신은 새로운 소망이나 아이디어가 탄생되도록 자극할 대조적 상황이 자신의 삶 속에 언제나 존재할 수밖에 없다는 사실을 알게 될 것이기 때문입니다. 이 우주 전체가 그런 식으로 작동하도록 만들어져 있습니다. 따라서 당신은 이제 다음의 진실에도 편안하게 받아들일 수 있게 될 것입니다. 다시 말해서, 당신은 영원한 존재입니다. 그리고 새로운 소망이 당신 안에서 끊임없이 생겨납니다. 또한 당신 안에 생겨난 모든 소망은 그 안에 이미 확장되고 실현되기 위해 필요한 모든 것을 끌어들일 힘을 가지고 있습니다. 이러한 진실에 대해 저항감이 사라지고 편안해질 때, 당신은 이 우주가 만들어진 토대인 거대한 근원의 웰빙을 다시 기억해내게 될 것입니다. 그때 비로소 당신은 자신이 영원한 존재라는 진실을 알게 되면서 긴장을 풀게 되고 이 삶의 여정을 느긋하게 즐기기 시작할 것입니다.

만약 당신의 목표가 더 이상 바랄 것이 없는 존재 상태가 되는 것이라면, 다시 말해 당신의 모든 소망이 완전히 실현되어서 궁극적으로 소망하는 일을 끝내는 것이라면, 그런 목표는 결코 이루어질 수 없는 불가능한 꿈입니다. 진실로 이 우주는 영원히 확장해 가고 있기 때문입니다.

당신의 여정이 최종적으로 완성되어 더 이상 앞으로 나아갈 자리가 없는 막다른 지점에는 결코 도달하지 못할 것입니다. 당신은 존재하기를 멈출 수 없는 영원한 존재이며, 그러한 본성에 대한 내적인 자각은 결코 사라질 수 없기 때문입니다. 또한 그러한 자각 속에서 늘 또 다른 요청이 태어날 것이며, 각각의 모든 요청은 또 다른 새로운 응답을 불러올 것이기 때문입니다.

확장은 당신 존재의 영원한 본성입니다. 그러한 확장 속에는 형용할 수 없는 커다란 기쁨의 잠재력이 꿈틀거리고 있습니다.

당신의 환경 속에 스며있는 균형과 완전함을 느껴보세요

이렇게 삶 속의 대조를 통해서 새로운 소망이 태어나게 됩니다.

당신 안에 새로운 소망이 탄생하면 그 소망에 담긴 진동이 우주로 발산됩니다. 그러면 근원이 그것에 응답합니다. 따라서 당신이 요청하면 그것은 언제나 주어집니다.

이제 이러한 과정의 완전함에 대해서 잠시 생각해 보세요.

더 확장되고 향상된 경험을 위한 새로운 아이디어가 당신에게서 항상적으로 흘러나오고 있습니다. 그리고 그 모든 생각 진동들에 대한 응답이 언제나 주어지고 있습니다.

이 우주 환경의 완전함을 숙고해 보세요.

우주에 존재하는 모든 의식체는 당신과 마찬가지로 늘 각자의 존재 상태를 향상시키며 성장해가고 있습니다. 그 모든 의식체가 내보내는 각각의 모든 소망은 근원 에너지에 의해 송출되는 진동 그대로 명확히 이해되고 항상적으로 응답되고 있습니다. 그리고 그 모든 관점도 아무런 판단 없이 존중받고 또한 응답되고 있습니다.

당신이 살고 있는 삶의 환경 속에 스며있는 균형과 완전함을 느껴보세요.

모든 의식체들은, 심지어 당신 몸속에 있는 세포들조차도 자신의 존재 상태를 개선하기 위해 요청할 수 있고, 언제나 요청한 것을 얻고 있습니다.

모든 요청이 응답되기에, 경쟁할 필요가 없습니다

각각의 모든 관점은 존중받습니다. 그 모든 요청이 승인됩니다. 이처럼 놀라운 우주가 한 치의 오차도 없이 정확히 확장해갈 때, 그 모든 요청(소망)을 충족해 줄 우주의 자원은 끝이 없을 정도로 무한합니다. 또한 끝없이 이어지는 무수한 질문에 빠짐없이 답변하는 우주적 지혜의 흐름에도 그 끝이 없습니다. 그렇기에 진실로 당신은 경쟁할 필요가 없습니다.

당신의 몫으로 되어있는 자원을 다른 누군가가 차지하는 일은 가능하지 않습니다. 마찬가지로, 다른 누군가의 몫으로 되어있는 자원을 당신이 이기적으로 낭비해버리는 일도 가능하지가 않습니다. 모든 의식체의 모든 소망이 응답되고 모든 요청이 거부되지 않고 승인됩니다. 응답되지 않거나 사랑받지 않은 채 또는 실현되지 않고 방치된 채로 남겨진 소망이나 요청은 단 하나도 없습니다. 당신이 근원 에너지의 흐름에 진동적으로 정렬되어 살아갈 때, 당신은 언제나 승리할 것입니다. 또한 당신의 승리를 위해서 다른 누군가가 패배하는 일도 없을 것입니다. 이 우주에는 모든 이들의 모든 소망을 실현해 줄 무한한 자원과 풍요의 흐름이 실재하고 있으니까요.

때때로 사람들은 이러한 진실을 기억해내는데 어려움을 느낍니다. 그것은 그들 자신이 삶 속에서 어떤 결핍을 체험했거나 다른 이들의 체험 속에서 그것을 목격했기 때문입니다. 하지만 그들이 삶의 현실에서 목격해 온 모습이 이 우주의 무한한 자원과 풍요를 부정하는 증거가 되지는 못합니다. 그러한 결핍의 체험은 단지 그 모든 요청에 이미 응답해 온 우주의 자원을 그 자신이 받아들이지 못하는 진동 상태에서 살아왔다는 사실을 보여 주는 것일 뿐이니까요. 이것을 3단계 창조 공식으로 설명해보면 이렇습니다. 창조의 1단계는 일어났는데, 당신의 요청이 진동의 형태로 송출되어졌기에 1단계는 잘 이루어진 상태입니다. 2단계도 잘 진행되었는데, 근원이 즉시 요청에 담긴 진동에 그대로 응답했기 때문입니다. 그런데 3단계인 허용하기가 일어나지 않았습니다. 이미 응답된 소망을 받아들이는 걸 허락하지 않는 진동 상태로 당신이 살고 있다는 것입니다.

만약 누군가가 소망하는 뭔가를 요청했는데 그것을 받지 못하고 살아간다면, 그것은 그 소망을 실현해 줄 우주의 자원이 부족하기 때문이 아닙니다. 그 이유는 유일하게 소망을 요청한 그 사람이 소망의 주파수에서 진동적으로 벗어나 있기 때문입니다. 다시 말해 그 사람 자신이 소망을 받아들이는 진동 상태인 편안하고 기분 좋은 이완된 상태에 있지 않기 때문입니다.

이 우주에는 어떠한 부족이나 결핍도 존재하지 않습니다. 모든 사람들에게 돌아가고도 남을 무한한 풍요가 실재합니다. 그렇기에 자원을 먼저 차지하려고 경쟁할 필요가 없습니다. 진실로 중요한 단 한 가지 문제는, 당신이 요청해 온 소망이 삶 속으로 흘러드는 것을 허용할 것인가 아니면 허용하지 않을 것인가에 관한 것입니다.

당신은 지금 어디에 있으며,
어디로 가기를 원합니까?

자동차 내비게이션은 자동차 지붕 위에 있는 안테나를 통
해 인공위성으로 신호를 보내면 당신의 현재 위치를 정확
히 알려 주는 위성항법장치GPS입니다. 당신이 가고자 하는 목적지
를 내비게이션에 입력하면, 그 안에 내장된 컴퓨터가 현재 위치와
목적지 사이를 정확히 계산해서 그 경로를 찾아줍니다. 그리고 모
니터를 통해서 거리에 대한 정보와 최상의 경로를 추천해 줍니다.
목적지를 향해 출발하면 음성이나 모니터의 문자를 통해 그때그때
특정한 방향을 제시해 주면서 당신을 목적지까지 안내해 줍니다.

내비게이션은 당신에게 결코 이렇게 묻지 않습니다. "그동안 당신
은 어디에 있었나요?" 또는 이렇게 묻지도 않습니다. "왜 그곳에 그

토록 오랫동안 있었습니까?"

내비게이션의 유일한 임무는 당신이 현재 있는 곳에서 목적지까지 갈 수 있도록 돕는 것입니다. 이와 비슷하게, 당신이 느끼는 감정도 당신을 위한 안내시스템EGS 역할을 합니다. 감정의 주요한 역할도 당신이 현재 있는 삶의 자리에서 앞으로 살고 싶은 삶의 자리로 옮겨가는 걸 돕는 것이기 때문입니다.

당신이 원하는 삶으로 더 가까이 효과적으로 가기 위해서는 소망과 관련해서 현재 놓여 있는 삶의 상황을 아는 것이 매우 중요합니다. 삶의 현재 상황과 소망하는 삶, 이 두 가지는 당신의 여정에 어떤 신중한 결정을 내리는데 있어서 반드시 이해해야 할 필요가 있습니다.

당신은 자신에게 많은 영향을 미치는 물리적 환경에 둘러싸여 살아가고 있습니다. 사람들은 흔히 그들 자신의 체험에 긍정적인 영향을 미치려는 의도 속에서, 당신이 달리 행동하길 요구하거나 강력히 설득하기도 합니다. 실상 당신은 다른 이들이 만든 수많은 법률과 규칙, 기대들의 홍수 속에서 살아갑니다. 사람들은 당신이 그것들을 따르고 지키면서 살기를 요구합니다. 거의 모든 사람이 당신이 어떻게 처신해야만 하는지에 대한 의견들을 당신에게 제시하는 것 같습니다. 하지만 그런 외적인 영향력에 따라 삶이 이끌려 간다면, 당신은 현재 있는 삶의 자리에서 원하는 삶의 자리로 제대로 나아갈 수 없게 됩니다.

종종 당신은 다른 사람들을 기쁘게 하고 만족시키기 위해 외적인 영향력을 받아들이기도 합니다. 하지만 당신이 다른 이들을 아무리 만족시키려고 노력해도, 결국엔 일관적으로 그렇게 할 수 없다는 사실을 알게 될 뿐입니다. 당신은 그들을 만족시키지 못할 뿐만 아니라 당신 자신도 기쁘지 않은 결과에 이르게 합니다. 그리고 당신이 명료한 자각도 없이 외적으로 주어지는 여러 방향으로 이리저리 끌려 다니기 때문에, 당신은 원하는 삶 속으로 나아가는 도중에 대개 길을 잃고 헤매게 됩니다.

세상에 줄 수 있는 가장 큰 선물은 당신의 행복입니다

다른 누군가에게 줄 수 있는 가장 큰 선물은 당신 자신의 행복입니다. 기쁨과 행복과 감사함을 느낄 때 당신은 진정한 자신의 본질인 순수하고 긍정적인 근원 에너지의 흐름에 완전히 연결되기 때문입니다. 그러한 연결 상태에 있을 때 당신이 어떤 것을 주시하게 되면, 그게 무엇이든 그 대상은 당신의 시선에 담긴 근원의 진동으로 인해 이로움을 얻기 때문입니다.

근원의 흐름에 연결된 당신이, 다른 누군가의 행복과 소망을 이루어주기 위해 그들에게 뭔가를 해주어야 한다거나 되어줄 필요는 없습니다. 그들도 모두 당신과 마찬가지로 근원의 웰빙 흐름에 연결될 수 있기 때문입니다. 그런데 사람들은 보통 자신들도 스스로 근원에 연결될 수 있음을 이해하지 못하기에 행복하게 살아가지 못하는 자신의 무능력을 괴로워하며, 그들이 보기에 자신들을 더 행복하게 만들어줄 거라고 믿는 특정한 방식으로 당신이 행동해주기를 요구하곤 합니다. 하지만 그들이 자신들의 기쁨과 행복에 대한 책임을 당신에게 전가시킴에 따라, 그들은 당신을 불편하게 하고 그들 자신도 속박과 불편함의 진동 속에 묶이게 됩니다. 그것은 그들이 다른 사람의 행동을 통제하는 것이 어떤 식으로든 불가능하기 때문에 발생한 것입니다. 만약 그러한 통제가 그들 자신의 행복을 위해서 반드시 필요한 것이라면, 그들은 정말이지 심각한 혼란 속으로 빠질 수밖에 없습니다.

당신의 행복은 다른 사람의 행동에 달려 있지 않습니다

당신의 행복은 다른 사람들의 행동에 달려 있지 않습니다. 오로지 당신의 진동적 균형이 어떠한가에 달려 있습니다. 이와 마찬가지로 다른 사람들의 행복도 당신에 의해 좌우되지 않습니다. 그들의 행복은 그들 자신의 진동적 균형에 달려 있습니다. 어떤 순간에 느끼는 기분이란 실상 자신의 진동 상태에 관한 것이기 때문입니다. 당신의 기분은 단순히 그리고 언제나 당신의 소망에 담긴 진동과 당신이 실제로 내보내는 진동 사이의 진동적 균형 상태를 명확히 보여 주는 신호입니다. 말하자면, 기분은 언제나 당신이 소망의 주파수에 진동적으로 어느 정도 정렬되어 있는지를 명확히 알려 주는 안내 시스템입니다. 그리고 당신이 실제로 내보내는 진동은 당신의 현재 관점으로부터 생성되어 송출되는 것입니다.

우주 전체를 통틀어서 가장 중요한 일은, 그 누구든 자신들이 우주로 내보내는 진동을 그들 자신의 소망의 주파수에 일치시키는 법을 아는 일입니다. 당신의 기분은, 그러한 일치 정도를 알려주는, 다시 말해 당신과 근원과의 내재적인 연결을 허용하고 있는지의 여부를 보여 주는 정밀한 안내 표지판입니다. 각각의 모든 기분 좋은 느낌은, 모든 긍정적인 창조는, 이를테면 온갖 풍요나 건강, 명료함, 활력, 웰빙은, 그리고 당신이 좋은 것으로 여기는 그 모든 것은, 이 순간 당신이 느끼는 기분이 어떤가에 따라 좌우됩니다. 그리고 기분이라는 진동 상태는 당신이 자신의 소망 및 진정한 당신 자신인 근원과 맺는 관계가 어떤가에 따른 당신의 느낌-진동에 달려 있습니다. 그래서 당신이 근원 에너지를 반영하는 생각을 하고 있거나 또는 자신의 소망에 부합되는 생각을 하면 할수록 당신의 기분은 더 좋아지게 됩니다.

생각은 당신을 소망에
더 가까워지게 하거나 멀어지게 합니다

피닉스에서 샌디에고로 가는 가장 좋은 여행길에 대해 계획하는 일은 아주 쉬울 겁니다. 이와 마찬가지로, 당신이 재정적으로 궁핍한 상태에서 재정적인 안정과 풍요로운 상태로, 병든 상태에서 건강한 상태로, 혼란과 무지에서 명쾌한 앎의 상태로 옮겨가는 여정을 성공적으로 완수할 수 있는 방법에 대해 계획하는 것도 아주 쉬운 일입니다.

피닉스에서 샌디에고로 가는 도중에, 당신이 알아야 할 중요한 사항들을 몰라서 크게 당황하는 일은 거의 없을 것입니다. 당신은 이미 두 도시 사이의 거리를 알고 있고, 가는 도중에 자신이 어디를 통과해 가고 있는지도 알기 때문입니다. 그리고 잘못된 방향으로 들어섰을 때는 내비게이션이 다시 정확한 길로 안내해 주기 때문입니다. 마찬가지로 당신이 일단 한 번 자신의 기분이라는 감정 안내 시스템을 이해하게 된다면, 당신이 원하는 삶을 향해 가는 길 중간에 길을 잃고 헤매는 일은 결코 없을 것입니다. 또한 당신은 어떤 순간에 품는 각각의 모든 생각이 당신을 소망 쪽으로 더 가깝게 하는 것인지 아닌지도 기분을 통해 명확히 알 수 있을 것입니다.

만약 자신의 기분 이외의 다른 외적인 요소를 삶의 지침으로 삼는다면, 삶의 여정에서 당신은 길을 잃고 말 것입니다. 당신이 현재 살고 있는 곳과 앞으로 살고 싶은 곳 사이에 떨어져있는 진동적 거리에 대해, 외부의 그 누구도 당신보다 더 잘 이해하지 못하기 때문입니다. 하지만 외부의 다른 이들은 당신의 소망을 순수하게 이해하지 못하면서도 끊임없이 당신의 삶과 소망에 그들의 바람을 뒤섞으며 간섭하려 할 것입니다. 따라서 오로지 자신의 기분에만 주의를 기울여가면서 그것을 안내 표지판으로 삼을 때에만, 당신은 비로소 소망의 주파수에 진동적으로 정렬(일치)되는 방향으로 자신을 꾸준히 안내할 수 있습니다. 이렇게 할 때, 결국 당신은 자신이 바라는 소망 실현의 목적지에도 도착하게 될 것입니다.

원하지 않는 것에 '싫어!'라고 말할 때, 그것이 삶에 초대되는 이유

당신이 살고 있는 이 진동적인 우주는 끌어당김의 법칙에 기초해 작동하고 있습니다. 이것이 의미하는 바는, 당신의 우주는 모두 "진동적으로 포함시키는 것"에 관한 것이라는 뜻입니다. 당신이 원하는 뭔가에 주의를 기울이고 바라보면서 "이건 정말 좋아!" 라고 말한다면, 당신은 그것의 진동을 당신의 진동 안에 포함하게 됩니다. 그런데 원하지 않는 어떤 상황이나 대상을 보면서 "저건 싫어!" 라고 말할 때에도, 당신은 그것을 배제시키고 있는 것이 아니라 원하지 않는 바로 그것을 자신의 진동 속에 포함하게 됩니다. 이것이 바로 이 우주의 모든 것은 오직 "포함"에 관한 것이라는 진술의 의미입니다.

하지만 어떤 것에 대해 전혀 주시하지 않으면, 즉 관심을 아예 끊거나 그것에 가 있던 자신의 주의를 거두면, 당신은 그것의 진동을 포함하지 않게 됩니다. 그렇지만 이미 당신의 주의가 가 있는 어떤 것을 당신의 진동과 체험에서 배제시킨다는 것은 결코 가능하지 않습니다. 어떤 것에 당신의 시선이 가면 그것의 진동을 당신의 진동에 포함하게 되기 때문입니다. 모든 것이 항상 진동하고 있기에, 뭔가에 당신의 시선이 가면 언제나 그것의 진동이 당신의 진동으로 활성화됩니다. 여기에 예외는 없습니다.

18장

당신은 점진적으로 자신의 진동 주파수를 변화시킬 수 있다

당신이 현재 품고 있는 생각과 진동이 다른 새로운 생각을 찾아내기로 했다고 해서 바로 당장 그런 생각 속으로 들어설 수 있는 것은 아닙니다. 매순간 작용하는 끌어당김의 법칙으로 인해, 당신이 현재 익숙해져 있는 진동 상태에서 접근할 수 있는 생각들에는 어느 정도 한계가 있기 때문입니다. 물론, 당신이 현재 어떤 삶의 상황일지라도 마침내 도달할 수 없는 곳은 존재하지 않는 것과 마찬가지로, 당신이 궁극적으로 품을 수 없거나 접근할 수 없는 생각은 결코 존재하지 않습니다. 하지만 현재 당신이 주로 하는 생각과는 아주 색다른 진동 주파수를 지닌 다른 생각 속으로 곧장 옮겨 갈 수는 없습니다.

때로는 당신보다 훨씬 더 기분 좋은 상태에서 살아가는 친구들 중 한 명이 당신에게 그렇게 부정적으로 생각하지 말고 좀 더 긍정적으로 살라고 격려할 수도 있습니다. 하지만 그 친구가 더 기분 좋은 자리에 살고 있다고 해서 그가 당신을 그 자리로 데려가 주지는 못합니다. 끌어당김의 법칙은 당신이 평소에 주로 머물던 진동과 현격한 차이가 있는 진동 주파수를 찾아내는 것을 당신에게 허락하지 않을 것이기 때문입니다. 그렇기에 비록 당신이 지금보다 더 기분 좋게 살아가길 원해도, 당신은 그 친구가 당신에게 찾아내길 바라는 기분 좋은 생각을 찾아내는 일이 요원하게 느껴질지도 모릅니다. 하지만 우리는 당신이 결국엔 그러한 생각을 찾아낼 수 있다는 것을 이해했으면 합니다. 그래서 일단 의식적으로 그리고 점진적으로 당신의 진동 주파수를 변화시킨다면, 당신은 자신이 성취해낸 더 긍정적인 진동 상태를 스스로 유지해 갈 수 있습니다.

당신은 언제나 당신 존재의 진동적 내용을 스스로 명확히 알 수 있다는 것과, 그래서 자신의 끌어당김 자력에 대해서도 언제나 자각할 수 있다는 것을 알게 될 때, 당신은 자신의 체험에 대해서 창조적인 통제를 의식적으로 해갈 수 있는 자리에 있게 될 것입니다. 그리고 기분이나 감정이 자신의 진동적 내용물에 대해서 항상 구체적으로 알려 주고 있다는 것을 이해하게 되면, 당신은 의도적으로 자신의 진동을 조정하는 작업을 해 갈 것입니다.

당신이 접근할 수 있는
가장 기분 좋은 생각을 향해 나아가세요

다른 생각을 선택하면 언제나 그 생각에 담긴 진동에 상응하는 다른 감정적 반응을 불러옵니다. 그래서 당신은 이렇게 말할 수 있습니다. "나는 이제 더 기분 좋게 살기 위해서 내 생각을 신중히 선택하겠어." 그것은 당신이 할 수 있는 아주 훌륭한 결정입니다. 그런데 그보다 훨씬 더 좋은 결정이 있습니다. 그리고 실제로 더 쉽게 할 수 있는 결정은 이것입니다. "나는 기분 좋게 살고 싶어. 그래서 난 정말 기분 좋게 느껴지는 생각을 선택하면서 기분 좋게 살기 위해 노력할 거야!"

만약 당신의 새로운 결정이 "자신의 기쁨을 따라 살아가겠다!"는 것인데 이제껏 기쁨과는 전혀 거리가 먼 삶의 상황에 초점을 맞추고 살아왔다면, 기쁨을 따르겠다는 당신의 새로운 결정은 거의 성공하기 어려울 것입니다. 끌어당김의 법칙은 당신의 현재 진동과 너무 현격한 진동적 차이가 나는 다른 생각을 당신에게 배달해 줄 수 없기 때문입니다. 그러나 만약 당신의 결정이 "현재 삶의 상황에서 가능한 가장 기분 좋은 생각을 하겠다!"라는 것이라면, 그 결정은 쉽게 성취될 수 있습니다.

22가지 종류의 감정들로 표시되는 '진동적 감정눈금'을 타고 더 기분 좋은 감정 쪽으로 옮겨가는데 있어 핵심적인 열쇠는, 당신의 기분을 의식적으로 알아차리는 것입니다. 심지어 아주 민감해져야 합니다. 당신이 어떻게 느끼는지 알아차리지 못한다면, 진동적 감정눈금에서 당신이 어느 쪽으로 향하고 있는지를 알 수 없기 때문입니다. 그래서 당신은 어쩌면 제자리를 빙빙 돌면서 왔다갔다 할 수도 있습니다. 또한 출발지였던 피닉스 쪽으로 다시 되돌아가고 있으면서도 그 사실을 전혀 알아차리지 못할 수도 있습니다.

하지만 당신이 현재 경험하고 있는 감정을 의식적으로 확인하고 알아차리게 된다면, 기분이 조금이라도 더 좋아졌다는 것을 당신이 소망을 향해 좀 더 가까이 다가섰다는 의미로 받아들일 수 있을 것입니다. 물론 기분이 더 나빠졌거나 부정적인 감정이 약간이라도 더 증가했다는 것은 소망과 관련해서 잘못된 방향으로 가고 있다는 것을 의미합니다.

따라서 '진동적 감정눈금' 상에서 더 기분 좋은 감정 쪽으로 갈 수 있는 아주 좋은 방법은, 언제나 편안한 안도감을 등대로 삼아 그것을 향해 가는 것입니다. 안도감의 본질은 당신이 근원의 웰빙을 부정하는 저항의 생각을 내려놓고 대신에 근원을 더 많이 허용하는 생각으로 대체할 때 찾아오는 존재 본래의 이완된 상태의 편안한 느낌입니다. 실상 근원의 웰빙 흐름은 언제나 당신을 통해서 흐르고 있습니다. 그 흐름을 당신이 허락하면 할수록 당신의 기분은 더 좋아지게 됩니다. 물론 그것에 저항하면 할수록, 당신의 기분은 더 나빠지게 됩니다.

19장

자신의 기분을 정확히
아는 사람은 당신뿐이다

당신이 어떤 것을 기대할 때, 그것이 당신에게 오고 있습니다. 당신이 어떤 것을 믿을 때, 그것이 당신에게 오고 있습니다. 당신이 무언가를 두려워할 때, 그것이 당신의 체험 속으로 오고 있는 중입니다.

당신의 태도나 분위기는 언제나 무엇이 당신 삶 속으로 들어오는지 알려주는 표시입니다. 하지만 당신은 결코 현재의 끌어당김 자력점에 고정되어 있지는 않습니다. 단지 삶의 여정에 따라 어떤 생각이나 신념, 태도 또는 분위기를 습득해 지니게 되었다고 해서, 당신이 계속해서 그것에 반응하며 그것만 끌어들여야한다는 것을 의미하지는 않습니다. 당신은 자신의 체험에 대한 창조적 통제권을 가지고 있습니다. 따라서 당신은 기분이라는 감정안내시스템에 주의를 기울여감으로써 자신의 끌어당김 자력을 변화시킬 수 있습니다.

만약 당신의 삶 속에서 더 이상 체험하고 싶지 않는 것들이 있다면, 먼저 당신의 믿음을 바꾸어야 합니다. 또한 체험하고 싶은 것들이 삶 속에 아직 나타나 있지 않다면, 이 경우에도 먼저 당신의 믿음을 바꾸어야 합니다.

당신이 이제껏 품어온 생각과 진동이 다른 생각을 선택함으로써 뒤바꿀 수 없는 심각한 상황이란 결코 존재하지 않습니다. 하지만 다른 생각을 선택하기 위해서는 그것에 대한 집중과 연습이 있어야 합니다. 만약 당신이 지금까지 살아온 방식 그대로 생각하고, 믿고, 집중하길 지속한다면, 삶 속의 체험은 결코 변하지 않을 것입니다.

언제나 삶은 움직입니다.
그래서 우리는 한곳에 머무를 수 없습니다.

때때로 사람들은 이렇게 말합니다.

"꼼짝할 수 없어요! 나는 똑같은 삶의 자리에서 아주 오랫동안 살아왔어요. 이곳에서 빠져나갈 수 없어요. 정말 꼼짝없이 붙잡혀 헤어날 수가 없다고요!"

그러면 우리는 언제나 이렇게 설명합니다. 당신이 똑같은 삶의 자리에서 움직이지 않고 그대로 서 있거나 정체된 채 고정되는 것은 불가능하다고 말이죠. 에너지는, 그리고 그에 따르는 삶은, 언제나 움직이기 때문입니다. 따라서 모든 것은 항상 변합니다.

당신이 계속해서 같은 생각을 품고 살아가는 동안에도 끊임없이 일들은 변하지만 똑같은 체험이 반복되므로 상황이 변하지 않는 것처럼 느껴집니다. 이것이 바로 당신이 계속 정체되어 있는 것처럼 느끼는 이유입니다.

만약 삶의 상황이 달라지길 바란다면, 먼저 다른 생각을 해야 합니다. 그것은 기존의 익숙한 상황이나 주제, 대상 등에 대해서 이전의 방식과는 다른 관점으로 접근해야 한다는 뜻입니다.

다른 이들은 당신의 소망이나 느낌을 이해하지 못합니다

사람들은 종종 열의에 차서 당신을 가르치고 안내하려고 합니다. 당신 주변에는 그런 사람들이 아주 많습니다. 그 사람들은 제각기 수많은 의견과 규칙, 요구 사항과 제안으로 당신이 어떻게 살아야만 하고 어떻게 하면 잘 살 수 있는지에 대해 이야기를 늘어놓습니다. 하지만 정작 그들 중 그 누구도 당신의 소망을 실현시키는데 중요하고 유일한 것에 대해서는 전혀 고려하지 못합니다. 다시 말해서, 다른 사람들은 당신의 소망에 담긴 진동적 내용을 이해하지 못하며, 당신의 현재 삶의 상황에 담긴 진동적 내용도 이해할 수 없습니다. 따라서 그들은 당신을 인도하기 위해 필요한 도구를 갖추지 못했고 어떤 식으로든 당신을 안내할 자격이 없습니다. 설령 아주 선량한 의도에서 그리고 정말로 당신이 행복하길 바라는 마음에서 그런다고 할지라도, 그들은 당신의 진동 상태를 알 수가 없습니다. 그래서 당신을 안내할 수 없는 것입니다. 또한 그들 중 많은 이들이 사심 없이 당신을 돕고자 한다고 해도, 당신에 대한 그들의 소망에서 그들 자신을 위한 소망을 분리해내는 일은 결코 가능하지 않습니다.

무엇이 당신에게 적절한지는 당신만이 압니다

당신이 '그 누가 무엇을 요청하든 그 모든 것이 언제나 주어진다'는 사실을 기억해낼 때, 사람들 각자가 자신의 독특한 관점에 따라 자신만의 소망과 선호를 자유롭게 선택해 가는 이 물리적 환경의 완벽함을 느끼게 될 것입니다.

당신이 아브라함-힉스가 진행하는 '허용의 기술 워크숍'에 참가할 계획을 세웠다고 상상해보세요. 당신은 워크숍이 개최되는 날짜와 장소를 알고 있고 그곳에 참석하기 위해 시간도 비워 두었습니다. 그래서 비교적 쉽게 필요한 모든 것들에 대한 적절한 결정을 내릴 수 있습니다.

당신은 내년에 열리기로 예정된 약 50여 개의 아브라함의 워크숍 목록을 살펴보고 그 중에서 자신이 참석할 수 있는 가장 적절한 날짜와 장소를 선택합니다. 현재 살고 있는 도시에서도 워크숍이 열리지만 그 날은 이미 계획된 일이 있어서 별다른 계획이 없는 날짜에 열리는 워크숍을 찾아봅니다. 결국 당신은 늘 방문하고 싶었던 인근 도시에서 열릴 예정인 워크숍을 발견하고 주최 측인 아브라함-힉스 출판사에 전화를 걸어 워크숍 참가 등록을 마칩니다.

워크숍이 열리는 도시에서 살지 않기 때문에 숙소와 교통편도 미리 준비하고 예약해야 한다는 것을 알고 있습니다. 그래서 자신이 특별히 바라는 것과 필요한 사항을 고려해 몇 가지 계획을 세웁니다. 예를 들면, 시간적인 문제를 고려해 항공편을 이용하기로 결정합니다. 그리고 워크숍이 열리는 호텔에서 몇 블록 정도 떨어진 가까운 곳의 호텔을 숙소로 정합니다. 당신은 그 호텔의 우수 고객으로 특별 할인 혜택을 받을 수 있기 때문입니다. 또한 개인적으로 그 호텔에만 있는 특이한 침대의 매트리스를 좋아하기 때문이기도 합니다. 그리고 항공편으로 워크숍이 열리는 그 도시의 공항에 도착하면, 당신은 가장 선호하는 렌터카 회사에서 자동차를 빌립니다. 호텔로 가는 도중에는 가장 좋아하고 가격도 마음에 드는 근사한 레스토랑에 들러 식사를 합니다. 건강도 각별히 주의해서 잘 보살핍니다. 실상 당신은 가장 완벽하게 멋진 계획을 준비한 것입니다.

그런데 만약, 주최 측인 아브라함-힉스 출판사가 수많은 워크숍을 개최했던 경험을 살려, 당신이 더 편리하고 유리한 상황에서 워크숍에 참가할 수 있도록 당신의 일정에 맞춰 계획을 변경하기로 결정했다고 한다면 어떻게 될까요? 말하자면, 그동안 워크숍에 참가했던 수천 명의 사람들에게 들었던 얘기들을 참조해, 출판사가 당신의 모든 편의를 고려해서 워크숍 계획을 조정하기로 결정했다는 것이죠.

출판사는 신청서에 적힌 당신의 주소를 보고, 당신이 현재 살고 있는 도시에서 열릴 워크숍에 참가하는 걸 더 좋아할 것이라고 추측하고 그 워크숍 날짜를 알려 주며 참가 등록을 합니다. 하지만 그날은 개인적으로 다른 일이 있어서 참석하기가 어렵다는 당신의 설명을 듣고서, 그들은 자신들의 결정을 다시 조정해 당신이 선호하는 인근 도시에서 개최될 워크숍 참석 티켓을 당신에게 보내줍니다.

이와 비슷하게, 주최 측에서 당신을 위한 최상의 항공편이나 당신이 차를 빌릴 렌터카 회사, 당신이 묵을 호텔, 당신이 먹을 음식 등을 결정한다면, 당신을 위해서 당신을 대신해 처리해 준 그들의 선택과 결정은 당신의 취향이나 즐거움과는 너무나 동떨어진 것으로 결코 당신을 만족시켜주지 못할 것입니다. 다시 말해 주최 측이 아닌 바로 당신이 자신을 위한 최상의 선택과 결정을 훨씬 잘 내릴 수 있다는 것입니다.

그 누가 요청하든 그 모든 요청에 근원이 예외 없이 응답한다는 진실을 당신이 기억할 때, 바로 당신이 당신 자신을 위한 선택을 한다는 게 얼마나 경이롭고 적절한 일인지를 알게 될 것입니다. 당신을 위한다는 명목 하에 당신의 선택에 관여하는 중개인이 없을 때 우주는 훨씬 더 효과적으로 작용하기 때문입니다. 당신 이외에 그 누구도 당신에게 적절한 것이 무엇인지 모릅니다. 당신은 항상 어떤 순간에 당신을 위한 최선이 무엇인지를 잘 알고 있습니다.

끌어당김의 법칙을 무시하고서 자신의 현재 상태를 훨씬 뛰어넘는
급격한 진동적 대전환을 꾀하는 지속적인 시도는 당신을 좌절케 하고
낙담케 하는 가장 주요한 요인입니다.

20장

다른 사람의 자유를 방해하면
언제나 자신의 자유가 제약된다

그렇습니다. 당신이 요청하면 그것은 언제나 주어집니다. 하지만 그것을 실제로 삶에서 누리기 위해서는 당신이 반드시 요청한 그것과 진동적으로 조화로운 상태에 있어야만 합니다. 그런데 대다수의 사람들은 자신들이 요청한 모든 것에 근원이 언제나 응답한다는 사실을 믿지 못합니다. 그 이유는 자신들이 진동적으로 하고 있는 일을 의식적으로 알아차리지 못하기 때문입니다. 그들은 자신들이 품는 생각과 그 생각이 불러오는 느낌들, 그리고 그에 따른 물질적인 구현 사이의 관계가 진동적으로 일치되는 관계라는 사실을 자각하지 못합니다. 하지만 이러한 상관관계를 이해하지 못하고 의식적으로 연결하지 못한다면, 당신은 소망과 관련해 자신이 현재 어디에 있는지 알 수 없습니다.

당신은 자신의 소망이 아직 이루어지지 않은 현실을 바라볼 때, 그것을 갖지 못하도록 방해하고 있는 외적인 뭔가가 있다고 생각합니다. 하지만 그것은 결코 진실이 아닙니다. 당신이 소망해왔던 것을 지금껏 갖지 못하도록 가로막는 유일한 장애물은 소망의 주파수와 다른 주파수로 진동하고 있는 당신의 습관적인 생각입니다.

당신이 일단 생각에 담긴 힘과 소망하는 것을 삶 속으로 허용하는 힘에 눈 뜨게 된다면, 당신은 자신의 체험을 창조적으로 통제할 수 있게 될 것입니다. 하지만 당신의 초점이 자신의 생각 진동을 느끼는 것에 가 있기보다는 주로 생각이 물질화된 결과들에 가 있게 된다면, 당신은 길을 잃고 헤매기 쉽습니다.

'현실'은 누군가의 집중된 생각이 물질화된 것입니다

때때로 사람들은 현실을 직시하지 말라는 우리의 얘기를 반박하면서 이렇게 말합니다.

"하지만 아브라함, 나는 단지 눈앞에 펼쳐진 현실에 대해서만 말하고 싶어요. 나는 오직 냉엄한 현재 상황만을 직시하면서 살아가야 한다고 생각해요."

그러면 우리는 이렇게 설명합니다.

"당신이 자신의 현실을 창조한다는 진실을 알기도 전에, 당신은 현실 상황이 마음에 들지 않더라도 항상 눈앞의 현실을 직시하면서 살아야한다고 배웠습니다. 하지만 물질화된 현실이나 상상 또는 기억이든 상관없이, 당신의 시선이 가는 것은 무엇이든 당신의 체험으로 끌려옵니다. 그러니 눈앞에 보이는 현실이 당신이 살고 싶은 삶이 아니라면, 그 현실을 직시하지 마세요. 눈에 보이는 모든 현실은 단지 누군가의 주의가 집중되어온 생각이 그대로 물질화된 것이기 때문입니다."

어떤 사람들은 이렇게 말할 것입니다.

"하지만 그것은 실제로 벌어지는 엄연한 진실이잖아요. 그래서 마음에 들지 않더라도 그것에 주의를 기울이는 것이 당연하다고 봅니다."

그러면 우리는 '그게 무엇이든 당신의 주의가 가게 되면, 바로 그것이 당신의 진실이 된다'고 말할 것입니다. 그렇기 때문에 현재 눈앞에 펼쳐져 있는 원치 않는 현실에는 가능한 최소한의 시선만 주십시오. 그리고 주로 당신의 기분에 주의를 기울이며 살아가십시오. 그것이 큰 도움이 될 것입니다. 만일 당신이 주로 마음에 들지 않는 현재 상황만 주목한다면, 현재 상황이 확장해 나아가 소망이 실현되는 것을 진동적으로 방해하기 때문입니다.

당신이나 다른 사람들의 삶에 관한 모든 통계 자료는 단지 과거에 누군가가 근원 에너지를 어떻게 흘려보냈는지를 보여 주는 것에 불과합니다. 그것들은 어떤 경우에도 변치 않는 불변의 진실에 관한 것이 절대로 아닙니다.

현재 이 세상에는 사람들이 경험한 것들에 대한 통계 자료를 모아서 분석하고 평가하는 사람들이 많이 있습니다. 그들은 경험들을 비교하면서 적절한 것과 부적절한 것, 옳은 것과 그른 것으로 구분 하는 일로 자신들의 생애를 보냅니다. 그들은 수많은 주제에 대해서 그때그때 찬성과 반대 또는 이익과 손해에 관한 나름의 견해를 쏟아내며 끊임없이 평가합니다. 하지만 그런 과정에서 그들이 내보내는 진동이 그들에게 전혀 도움이 되지 않는다는 사실은 거의 깨닫지 못합니다. 그들은 에너지를 자신의 소망과는 반대되는 방향으로 흘려보내고 있기에 자신들이 가진 권능을 전혀 감지하지 못합니다. 그들의 삶은 대체로 자신만의 독특한 소망을 창조해내는 것에 관한 것이기 보다는, 점점 더 다른 사람들의 경험이나 행위를 평가하고 논평하는 것에 관한 삶이 되어갈 뿐입니다.

그래서 그들은 자신들의 행복이 다른 사람들의 행동에 달려 있다고 믿게 됨으로써 그들 자신을 아주 불편한 자리로 몰아넣습니다. 그들은 마음에 들지 않는 사람이나 행위, 신념을 찾아내 부적절한 것이라고 규정짓고 비난합니다. 그러나 그렇게 하는 것이 원하지 않는 일들의 진동을 그들 자신의 체험 속으로 포함시킨다는 사실을 까마득히 깨닫지 못하고 있습니다. 그리고 원하지 않는 일이 어떻게 해서 자신들의 삶 속에 나타나게 됐는지 모르기에 점점 더 방어적이 되고 더욱 더 두려움에 사로잡히게 됩니다.

당신이 초대하지 않는다면,
원하지 않는 일은 생기지 않습니다

원치 않는 체험이 자신의 삶 속으로 들어오지 않을까 하는 두려움에서 벗어나는 자유는 다른 이들의 행위나 소망을 통제하는 것을 통해서는 결코 성취되지 않습니다. 그러한 자유는 오직 당신 자신의 진동적인 끌어당김 자력을 조정하는 것을 통해서만 가능합니다.

당신이 끌어당김의 법칙에 대해 알지 못하고, 자신의 진동적인 끌어당김 자력을 통해서 현재 무엇을 끌어당기고 있는지를 의식적으로 깨닫지 못한다면, 당신은 주변 환경을 통제하려고만 할 것입니다. 하지만 당신 주위의 그 수많은 환경적 요인을 모두 통제하는 일은 불가능합니다. 그렇지만, 일단 당신이 끌어당김의 법칙에 대해서 배우고, 그리고 자신이 선택한 생각들이 각각 어떤 느낌을 불러오는지에 대해 눈뜨게 된다면, 당신은 결코 원하지 않는 일들이 자신의 체험 속으로 뛰어들까 두려워하지 않게 될 것입니다. 당신이 진동적으로 초대하지 않는 한, 어떤 것도 당신의 체험 속으로 들어올 수 없다는 것을 명확히 이해하게 될 것입니다. 진동에 기초해 작용하는 이 우주 안에서 어떤 것을 강제로 끌어들이는 일이란 일어날 수가 없기에, 당신이 진동적으로 조화를 이루지 않는 그 어떤 것도 강제적으로 당신의 삶 속에 끌어올 수 없습니다. 당신이 원하는 것이든 원하지 않는 것이든 상관없이, 당신은 자신의 진동에 부합하는 것만 체험하고 있는 것입니다.

심지어 이제 갓 태어난 아기들도 진동을 내보내고 있습니다. 근원은 그 진동에 일치되는 것들을 그대로 응답해 주고 있습니다. 아기들도 당신들과 마찬가지로 자신을 둘러싼 주위 사람들의 진동에 영향을 받습니다. 그럼에도 아기들 또한 자신들의 현실을 전적으로 창조한다는 사실에는 변함이 없습니다. 당신들처럼, 아기들도 물리적인 몸속으로 들어와서야 처음으로 그들의 삶을 창조하기 시작한 게 아닙니다. 이 세상에 태어나기 훨씬 이전에 이미 영혼 차원에서 그들은 현재 살고 있는 이번 생애의 체험을 가동시켜 놓았던 것입니다.

근원과 자신과의 관계를 이해하길 바라고, 자신이 어떻게 해서 이 물질 세상에 들어와 삶을 창조해가고 있는지를 알고자 하는 이들로부터 우리가 듣는 가장 큰 논쟁거리는 이것입니다.

"하지만 이 세상에 대해서 정말이지 거의 아무것도 배우지 못한 어린 아기들이 어떻게 자신의 삶을 책임질 수 있다는 거죠?"

이와 관련해 다음의 사실을 이해하길 바랍니다. 어린 아기들도 당신들과 마찬가지로 물리적 환경 속에서 살아가게 될 자신의 삶에 대해 이미 잘 준비한 상태로 들어왔습니다. 그들도 당신들처럼 이 물질 세상을 살아가는 데 도움을 줄 감정안내시스템을 지니고 태어났기 때문입니다.

당신이 그랬듯이, 아기들도 물리적 체험에 대한 기대와 열의 속에 새로운 소망이나 선호를 계속 결정한 후, 자신을 근원의 주파수에 일치시키는 데서 맛보게 될 기쁨을 갈망하며, 즐겁고 활기차게 뛰어놀기 위해서 이 시공간 속으로 들어왔습니다. 그러니 아기들이나 그 누구에 대해서도 걱정하지 마세요. 근원의 웰빙과 행복 물결이야말로 당신이 살아가는 이 우주가 세워져 있는 토대입니다. 설령 삶의 모습이 그렇게 보이지 않을지라도, 웰빙의 행복 물결이 존재하는 모든 것을 감싸고 있다는 것이 이 우주의 섭리입니다.

항상 기억하세요, 당신의 감정은 근원 에너지와 당신의 내재적인 연결과 관련해 당신이 알아야 할 모든 것을 말해주고 있다는 사실을. 그리고 당신이 집중하고 있는 소망이 근원 에너지를 얼마나 많이 호출해내고 있는지를 알려 주고 있다는 것을. 또한 이 순간 당신이 품고 있는 생각과 감정이 소망의 주파수에 진동적으로 일치하는지의 여부를 당신에게 말해 주고 있다는 것을 말입니다.

속도가 문제인가, 장애물이 문제인가?

만약 당신의 자동차가 시속 160km의 속도로 달리다가 나무를 들이받았다면, 아주 큰 충돌 사고입니다. 하지만 시속 10km 정도의 느린 속도로 달리다가 같은 나무에 충돌했다면 결과는 꽤 다를 것입니다. 여기서 자동차의 속도는 당신의 소망이 가진 힘을 비유한 것입니다. 다시 말해서, 당신이 어떤 것을 더 많이 원해왔거나 또는 더 오랫동안 어떤 소망에 주의를 집중했다면, 에너지는 그만큼 더 빨리 움직입니다. 그리고 이 비유에서 나무는 소망의 주파수에 상충되는 생각 또는 저항을 나타냅니다.

나무를 향해서 돌진해 가는 것은 즐거운 일이 아닙니다. 마찬가지로, 아주 큰 저항감이 있는 상태에서 강한 소망을 품는 것도 즐거운 일이 아닙니다. 이런 상황에서 어떤 이들은 자동차 속도를 늦추는 것으로 불균형한 상태를 고치려고 합니다. 말하자면, 그들 자신의 소망을 부인한다거나 소망 자체를 놓아버리려 애쓰는 것입니다. 그래서 그들은 때때로 엄청난 노력 끝에 소망의 힘을 어느 정도 분산시키는데 성공하기도 합니다. 하지만 그보다 훨씬 더 좋은 해결책이 있습니다. 그것은 자신의 저항 수준을 낮추는 것입니다.

당신의 소망은 현재 당신이 초점을 맞추고 살아가는 물리적 환경의 대조적인 체험 속에서 생겨나는 자연스러운 산물입니다. 우주 전체는 새로운 소망이 계속해서 태어나도록 고무시키는 방향으로 설정되어 있습니다. 우주는 실상 새로운 소망을 탄생시키기 위해 존재합니다. 그렇기에 당신이 소망을 부인하거나 회피하려고 애쓰는 것은 우주적 권능과 리듬에 반하는 방향으로 나가려는 시도입니다. 설령 당신이 소망을 억누른다고 해도, 당신 안에서는 더 많은 소망이 계속해서 태어나고 성장합니다. 당신은 강하게 초점 맞춰진 렌즈와도 같은 당신만의 독특한 관점을 통해서 근원 에너지를 특정한 방향으로, 즉 당신이 정의해낸 소망 쪽으로 집중시켜내겠다는 명확한 의도를 가지고 이 놀라운 몸과 대조적인 물리적 환경 속으로 들어왔기 때문입니다. 그러므로 온 우주를 통틀어 당신의 소망이 계속해서 생겨난다는 일보다 더 자연스러운 것은 없습니다.

모든 소망의 배후에는
기분 좋게 살고 싶다는 바람이 있습니다

누군가가 어떤 소망을 품는 이유는, 그 소망이 실현되면 기분이 더 좋아질 것이라고 믿기 때문입니다. 그 이외에 다른 이유가 없습니다. 바라는 것이 물질적인 대상이나 건강 상태, 관계, 조건 또는 상황이든, 모든 소망의 핵심에는 기분 좋게 살고 싶다는 바람이 있습니다. 따라서 삶에서 성공의 기준은 돈이나 지위 또는 명예 같은 것이 될 수 없습니다. 성공의 기준은 절대적으로 삶에서 당신이 느끼는 기쁨의 양에 있습니다.

당신이 살아가는 삶의 토대는 당신의 절대적 자유이며, 삶의 결과는 확장과 성장입니다. 하지만 당신 삶의 목적은 기쁨입니다. 당신의 성장은 기정된 사실이기에 신경 쓸 필요가 없습니다. 그러므로 소망의 물질적인 구현이 삶의 주요한 이벤트가 아닙니다. 진실로 중요한 것은 언제나 삶의 매순간 자신이 얼마나 많은 기쁨을 느끼면서 살고 있는가에 관한 것입니다. 달리 표현하면, 당신이 다양성으로 넘쳐나는 이 물리적 환경 속으로 들어오면서 품었던 의도는, 대조를 통해서 자신의 독특한 소망을 정의하고, 이 세상을 창조해낸 근원 에너지에 연결됨으로써 그 에너지를 당신의 주의가 집중된 대상을 향해서 흘려보내겠다는 것이었습니다. 당신의 주의가 집중된 소망이 중요해서가 아니라, 소망에 의해 호출된 근원 에너지가 당신을 통해 흐르는 순간에 느끼는 감미로운 생명력과 기쁨이야말로 당신이 존재하는 진정한 이유이기 때문입니다.

감사할 때, 당신은 저항하지 않습니다

기억하세요, 당신은 근원 에너지가 그대로 뻗어 나와 물리적으로 표현된 존재라는 것을. 그렇기에 당신이 근원과의 연결을 완전히 허락할 때 당신은 기분이 좋아지고, 그 연결을 허락하지 않을 때는 기분이 나빠집니다. 당신은 언제나 순수한 긍정적 에너지인 근원 에너지입니다. 당신은 사랑입니다. 당신은 본성적으로 좋은 일을 기대합니다. 당신은 자기 자신을 존중하고 사랑합니다. 마찬가지로 다른 이들도 존중하고 사랑합니다. 그리고 당신은 본성적으로 감사하는 존재입니다.

감사와 자기 사랑은 당신이 의식적으로 되살려낼 수 있는 당신의 가장 중요한 특성입니다. 당신 자신과 다른 이들에게 감사할 때의 진동은 우리가 이제껏 온 우주를 통틀어 관찰해왔던 것들 중에서 당신의 근원 에너지에 가장 가까운 진동 주파수입니다.

당신이 고맙게 생각하는 어떤 것에 시선을 집중할 때마다, 그 순간에 당신이 선택한 생각의 진동은 진정한 당신 자신의 주파수와 아주 비슷하기에 당신의 에너지 속에는 어떠한 상충됨이나 모순이 없습니다. 감사의 순간에 당신은 진정한 당신 자신을 표현하는 것에 어떤 저항도 하지 않습니다. 그 결과 기쁨이나 사랑, 감사의 느낌에 빠져듭니다. 당신의 기분은 무척 좋아집니다.

하지만 당신이 누군가를 비난하거나 심지어 자신의 단점을 찾아내고 있다면, 당신은 그 순간 기분이 좋지 않을 것입니다. 비난의 생각 속에 담겨있는 진동은 근원의 주파수와는 아주 현격히 다르기 때문입니다. 다시 말해서 당신이 진정한 당신 자신에 진동적으로 어울리지 않는 생각을 선택했기 때문에, 당신은 그 순간 당신의 선택에 담긴 부조화의 진동을 느끼게 되는 것입니다.

당신을 사랑하고 소중히 여기는 당신의 할머니가 당신에게 참으로 멋진 훌륭한 아이라고 말할 때 기분이 매우 좋은 이유는, 그 말들이 당신을 진정한 당신 자신에 연결시켜주는 방식으로 당신의 주의를 집중시켜주기 때문입니다. 하지만 만약 학교 선생님이나 알고 지내던 사람이 당신이 한 어떤 행동을 탓하고 꾸짖는다면, 그 순간 당신은 근원에 어울리지 않는 생각에 영향을 받기 때문에 기분이 나빠지게 됩니다.

당신의 감정(기분)은, 각각의 모든 순간마다, 당신이 진정한 당신 자신인 근원과의 내재적인 연결을 허락하고 있는지 아닌지를 당신에게 알려줍니다. 근원과의 연결을 허락하면, 당신은 삶의 모든 면에서 풍요와 기쁨을 누리게 됩니다. 그러나 허락하지 않으면 그 반대의 체험을 하게 됩니다.

웰빙과 다시 연결되도록 충분히 자기중심적이 되어야 합니다

때때로 어떤 사람들은 우리가 이기주의를 가르친다고 비난합니다. 그 말에 전적으로 동의합니다. 우리는 정말로 당신이 이기적으로 살아가도록 격려하고 있습니다. 당신이 의도적으로 자신의 근원 에너지에 연결될 정도로 충분히 자기중심적이지 않다면, 당신이 다른 이들에게 줄 수 있는 게 아무것도 없을 것이기 때문입니다.

또 어떤 사람들은 걱정하면서 이렇게 말합니다.

"만약 이기적으로 내가 원하는 것을 이루게 되면, 다른 사람들의 몫을 내가 부당하게 빼앗는 것이 아닐까요?"

하지만 그런 염려는 이 우주의 풍요에 한계가 있다는 오해에서 비롯되는 것입니다. 그들은 자신들이 너무 많이 차지하면 다른 이들의 몫이 없을 것이라고 걱정합니다. 그렇지만 모든 것들은 사람들이 발산하는 진동적 요청에 비례해서 그 만큼 더 커지고 확장됩니다. 그것이 진실입니다. 이 우주에는 모든 이들의 모든 요청을 충분히 제공하고도 여전히 끝없이 남을 무한한 자원과 풍요가 실재합니다.

당신은 결코 이런 얘기를 하진 않을 것입니다.

"난 지금까지 아주 건강하게 살았어. 이것에 대해 죄책감이 들어. 그래서 내가 누려왔던 건강을 다른 아픈 사람들이 누릴 수 있도록 몇 년간은 내가 아파하기로 했어!"

왜 이렇게 말하지 않는 것일까요? 당신이 건강하게 잘 지내온 게 다른 사람의 건강을 빼앗아서가 아니라는 것을 잘 알고 있기 때문입니다.

이기적인 사람은 의도적으로 다른 이들에게 해를 끼칠 거라고 두려워하는 사람들도 있습니다. 하지만 근원 에너지에 연결된 누군가가 다른 이들에게 해를 끼치길 원한다는 것은 결코 있을 수 없는 일입니다. 그런 바람에 담긴 진동은 근원의 주파수와 너무도 동떨어진 주파수이기에 결코 양립할 수가 없습니다.

이런 말을 하는 사람들도 있습니다.

"뉴스에서 많은 사람을 살해한 살인범을 봤습니다. 그는 자신의 행위를 기뻐하는 것 같더군요. 전혀 후회하는 기색이 아니었어요. 오히려 살인을 즐겼다는 말까지 했다니까요."

하지만 그 살인범이 내면에서 어떻게 느끼고 있는지 당신이 정확히 알 수 있는 방법은 없습니다. 당신이 어떤 감정을 체험하는 이유는 당신의 소망과 그 소망에 관해 당신이 품고 있는 생각 사이의 주파수의 불일치 때문입니다. 그런데 당신은 그 살인자의 생각을 알 수 없기에 그가 느끼는 감정이 어떤지를 정확히 알 수 없습니다. 우리는 당신에게 절대적으로 약속할 수 있습니다. 그 누구라도 근원 에너지에 연결된 존재는 다른 이들에게 결코 어떠한 해도 끼치지 않을 것이라는 사실을 말이죠! 살인자들은 자신을 방어하려는 진동 상태에서, 또는 자신의 근원과 연결이 끊긴 상태에서 맹렬히 공격하고 덤벼드는 것이지, 근원과 연결된 상태에서 그러는 것이 결코 아닙니다.

따라서 당신은 궁극적인 자기중심적 행위 또는 이기적 행위란, 진정한 당신 자신인 근원 에너지에 연결되는 것임을 이해해야 할 것입니다. 그래서 당신이 물질 세상 속에서 그러한 근원과 연결된 상태로 존재하게 될 때, 문자 그대로 당신은 물리적인 몸속에 거하는, 살아 빛나는 순수한 긍정적 에너지 그 자체라 말할 수 있습니다.

만약 이 지구상의 모든 인류가 각기 그들의 근원 에너지에 연결된다면, 더 이상 어떠한 공격이나 갈등도 존재하지 않을 것입니다. 질투라든지 불안감 또는 경쟁에서 오는 불편한 느낌들이 더 이상 존재하지 않을 것이기 때문입니다. 만약 모든 사람들이 그들 자신이 지닌 어마어마한 권능을 알게 된다면, 그 누구도 다른 이들을 통제하려 들지 않을 것입니다. 그 모든 불안한 느낌과 증오심은 진정한 그들 자신인 근원으로부터 떨어져 나온 것에서 비롯됩니다. 당신이 근원의 웰빙 물결에 다시 연결된다면, 당신의 삶은 끌어당김의 법칙에 따라 오직 웰빙의 체험만을 불러오게 될 것입니다.

그리고 당신이 이해하길 바라는 가장 중요한 것이 있습니다. 당신이 경이롭고 행복한 삶을 살아가기 위해서 당신 이외의 다른 누구도 당신이 여기서 배우고 있는 것들을 알아야할 필요는 없다는 사실입니다. 일단 당신이 진정한 당신 자신을 기억하고, 의식적으로 진정한 자신과 진동적으로 일치된 생각을 향해 간다면, 삶의 모든 체험도 그러한 일치 상태를 거울처럼 반영해 줄 것입니다. 다시 말해서 삶의 모든 영역에서 당신은 근원의 행복과 기쁨을 반영하는 웰빙의 체험을 하게 될 것입니다.

기대하지 않는다면, 그것을 허용하는 것이 아닙니다

기억하세요. 각각의 감정은, 당신의 소망이 얼마나 많은 근원 에너지를 호출하고 있는지를 알려 줍니다. 또한 소망과 관련해 당신이 품고 있는 주요한 생각과 믿음이 그렇게 호출된 근원 에너지를 얼마나 많이 허락하고 있는지를 보여 주는 신호입니다. 만약 당신이 긍정적이든 부정적이든 어떤 감정을 강하게 느끼고 있다면, 그것은 당신이 소망하는 것에 강력하게 주의를 집중하고 있다는 것입니다. 그러한 순간에 당신은 자신의 소망을 향해서 많은 양의 근원 에너지를 불러들입니다. 당신이 우울함이나 화 또는 두려움 같은 부정적인 감정을 강하게 느낀다면, 그것은 당신이 자신의 소망에 대해 저항하고 있다는 뜻입니다. 반면에 당신이 열정이나 열의 또는 설레는 기대감이나 사랑과 같은 기분 좋은 감정을 강하게 느낀다면, 그것은 당신의 소망에 대해 어떤 저항도 하지 않고 있다는 뜻입니다. 그러한 무저항의 상태에 있을 때 당신은 소망을 통해 호출된 근원 에너지가 진동적으로 방해받지 않으면서 흐를 수 있도록 허용하고 있습니다. 그래서 소망이 삶 속에 펼쳐지도록 허락하고 있는 것입니다.

따라서 '완벽한 창조적 상황'이란 그 실현 가능성을 전혀 의심하지 않으면서 어떤 소망을 가슴깊이 진실로 원하고 있는 상태를 말합니다. 그리고 당신 안에서 소망과 믿음이 결합하면, 다시 말해 당신이 소망의 주파수에 상충되지 않는 믿음이나 생각을 품는 상태가 되면, 원하는 일이 아주 빠르고 쉽게 펼쳐지는 체험을 하게 될 것입니다. 하지만 당신이 정말로 바라는 것이 있는데 그것이 실현되리라고 믿지 않는다면, 즉 소망이 실현될 것이라고 기대하지 않는다면, 그것은 당신이 삶 속으로 그것이 들어오는 걸 허락하고 있지 않는 것입니다. 따라서 그 소망은 쉽게 실현되지 않을 것입니다. 그런데 간혹 소망이 아주 강렬한 것일 때에는 상대적으로 더 약한 신념의 파장을 타고 그 소망이 삶 속에 구현되는 경우도 있습니다.

순수한 소망은 기분 좋게 느껴집니다

불행하게도, 많은 사람들은 그것이 일어날 것이라고 기대하지 않는 어떤 걸 바랄 때 느끼게 되는 편안하지 않은 무덤덤한 느낌을 소망의 느낌으로 오해합니다. 그들은 이제 더 이상 어렸을 때 자신들이 알았던 그 생기 넘치고 열의에 찬 설레는 기대감의 느낌을 순수한 소망의 느낌으로 인식하지 않습니다. 하지만 순수한 소망의 느낌은 언제나 감미롭습니다. 당신을 대신해 끌어당김의 법칙이 소망에 부합되는 것들이 들어올 수 있는 길을 준비하면서 그것이 당신 앞에서 보이지 않는 당신의 미래 속으로 펼쳐질 때의 그 진동을 대변해 주는 순수한 소망이 지닌 느낌은 언제나 감미롭고 기분 좋게 느껴지기 마련입니다.

의도적으로 더 기분 좋은 감정들을 갖기 위해, 자신의 기분을 있는 그대로 정확히 알아차리고 의식적으로 더 기분 좋게 느껴지는 생각을 선택하는 일에 담긴 소중한 가치가 바로 '의식적 창조'의 진정한 핵심입니다. 또한 '허용의 기술'이 말하는 모든 것이기도 합니다.

당신은 왜 그런 삶을 원하시나요?

때때로 사람들은 말합니다.

"나는 현재 처해 있는 삶이 전혀 행복하지 않아요. 난 정말로 내 삶이 달라졌으면 해요. 지금보다 몸도 더 건강하고, 날씬해지고, 돈도 더 충분하고, 행복한 관계를 맺는 그런 삶을 살고 싶어요."

그러면 우리는 묻습니다.

"왜 그런 삶을 원하시나요?"

답변은 보통 이렇습니다.

"지금 이곳에서는 행복하지 않으니까요."

그러면 우리는 이렇게 설명합니다.

"현재의 만족스럽지 않는 삶에 관해서 이야기하기 보다는 앞으로 살고 싶은 삶의 모습이 어떨지에 대해 말하도록 하세요. 그리고 원하는 그런 삶을 살고 있을 때의 느낌을 지금 이곳에서 느껴보아야 합니다. 그것이 정말 중요합니다. 당신이 주로 행복하지 않는 현재 삶의 모습만을 바라보거나 말하면서 현재 삶의 진동을 느끼는 것에 대부분의 시간을 보내고 있는 한, 당신은 우주에 원하는 삶의 진동이 아닌 주로 현재 삶에 관한 진동을 내보내고 있기에, 결코 원하는 삶을 누리지 못할 것이기 때문입니다."

만약 당신이 현재 삶의 상황에 대해서만 생각하고 말하는 것에 익숙해져 있다면, 갑자기 진동 상태를 바꾸어 곧바로 기존의 진동과는 전혀 다른 생각을 한다는 것은 어려운 일입니다. 실상, 끌어당김의 법칙은 이렇게 말합니다. 당신은 현재 삶의 자리로부터 진동적으로 아주 멀리 떨어져 있는 생각과 느낌에 접근할 수 없다고 말입니다. 하지만 얼마간의 노력을 한다면, 당신은 충분히 현재의 진동 상태보다 더 기분 좋게 느껴지는 다른 생각을 찾아낼 수 있습니다. 더 기분 좋은 느낌 속에서 살아가겠다고 확고히 결정한다면, 당신은 습관적으로 말했던 주제를 바꿀 수 있습니다. 그래서 더 기분 좋게 느껴지는 진동을 가진 생각을 찾게 됩니다. 하지만 진동 상태의 변화는 보통 점진적으로 일어납니다.

사실상, 끌어당김의 법칙을 무시하고서 자신의 현재 상태를 훨씬 뛰어넘는 급격한 진동적 대전환을 꾀하는 지속적인 시도는 당신을 좌절케 하고 낙담케 하는 가장 주요한 요인입니다. 그것은 삶의 체험에 대한 통제권이 자기 자신에게 없다고 생각하게 만듦으로써 좌절하고 낙담하게 합니다.

21장

소망을 실현하는
68초 집중의 힘

어떤 주제에 대해 단지 몇 초간의 짧은 시간의 집중을 통해서도 당신은 그 주제에 담긴 진동을 당신 안에 활성화시킵니다. 그러면 활성화된 진동에 따라 끌어당김의 법칙이 즉시 반응합니다. 당신이 어떤 것에 더 오래 시선을 둘수록, 그것에 계속해서 초점을 맞추는 일은 더 쉬워집니다. 왜냐하면 끌어당김의 법칙을 통해서 당신이 처음에 품었던 생각과 본질이 같은 다른 생각 또는 진동을 끌어들이고 있기 때문입니다.

당신이 어떤 것에 적어도 17초 동안 주의를 집중하게 되면, 그것과 일치하는 진동이 당신 안에 활성화됩니다. 그래서 그러한 집중이 더 강해지고 진동이 더 명확해짐에 따라, 끌어당김의 법칙이 그것에 부합되는 생각을 당신에게 더 많이 가져다주게 됩니다. 이 시점에서 그 진동은 아직 끌어당김의 힘을 많이 보유하지는 않았지만, 당신이 그것에 더 오랫동안 초점을 맞출수록 그 진동의 힘은 훨씬 더 강력해집니다. 만약 당신이 어떤 생각에 순수한 집중 상태로 적어도 68초 동안 머문다면, 당신의 진동은 삶 속으로 물질화되기 시작할 정도로 충분히 강력해집니다.

　당신이 어떤 생각을 적어도 68초 동안 순수하게 유지하면서, 그 생각에 반복적으로 돌아오게 된다면, 그 생각은 짧은 시간 내에(경우에 따라 몇 시간 또 어떤 경우엔 며칠 정도) 당신 안에 지배적인 생각 진동으로 자리 잡게 됩니다. 일단 그것이 당신 안에 지배적인 생각으로 자리하면, 당신은 그것이 바뀌기 전까지는 그 생각에 담긴 진동과 일치되는 물리적 체험을 하게 될 것입니다.

　다음 사항을 기억하세요.

- 당신이 하고 있는 생각이 바로 당신의 끌어당김 자력입니다.

- 당신은 생각하는 것을 얻거나 경험하게 됩니다. 당신이 원하는 것이든 원치 않는 것이든 상관없이 그렇습니다.

- 당신이 하는 생각은 모두 진동하고 있는 진동 주파수입니다. 그리고 그러한 진동은 끌어당김의 법칙에 의해 응답됩니다.

- 당신의 진동이 확장되고 더 강력해지면서, 마침내 당신의 삶 속에 물질화될 정도로 충분히 강력해집니다.

- 당신이 생각하는 것과 그에 따른 당신의 느낌, 그리고 삶의 체험은 언제나 진동적으로 일치합니다.

통제할 수 없는 무의식적인 생각을 두려워하지 마십시오

이 세상에는 끌어당김의 법칙을 부정할 단 한 하나의 증거도 없습니다. 따라서 그것을 이해하는 데에는 그리 많은 시간이 걸리지 않습니다. 하지만 사람들이 그러한 끌어당김의 법칙을 이해하고 받아들이게 되면, 보통 초기에는 자신들의 생각에 대해 많은 사람들이 불편해 할 것입니다. 그들은 끌어당김의 법칙이 가진 힘을 이해하였기에 자신들의 마음속에 들어 있는 생각을 조사하기 시작합니다. 그래서 때때로 그들은 자신들이 품고 있는 생각들이지만 미처 알아차리지 못해 통제할 수 없는 생각이 삶 속으로 끌어들일지도 모를 잠재적인 일들에 대해 걱정합니다. 하지만 그런 걱정을 할 필요가 없습니다. 그 생각들은 발사된 즉시 파괴와 혼란을 불러오는 장전된 총과 같은 것이 아니기 때문입니다. 비록 끌어당김의 법칙이 강력하다할지라도, 당신의 체험은 근원의 절대적인 웰빙에 기초해 있기 때문입니다. 그리고 심지어 당신이 주시하는 곳을 따라 자신의 생각이 자석처럼 작용하면서 확장해간다고 할지라도, 당신이 기분이라는 안내 시스템에 익숙해지면서 부정적인 느낌을 알아차릴 때는 즉시 저항이 더 적은 다른 생각을 선택함으로써 더 만족스러운 결과를 체험할 수 있는 충분한 시간이 있기 때문입니다.

기억하세요. 당신은 근원의 웰빙 흐름을 허용할 수도 있고 저항할 수도 있습니다. 웰빙의 흐름은 항상적으로 흐르고 있습니다. 그러므로 심지어 더 기분 좋게 느껴지는 생각을 선택하는 방향으로 약간만 노력해도, 당신은 눈에 보이는 뚜렷한 결과를 볼 수 있습니다. 그래서 당신이 더 기분 좋은 생각을 선택하는 방향으로 발걸음을 내딛게 되면, 당신이 현재 있는 삶의 자리로부터 앞으로 살고 싶은 삶의 자리로 나아가게 할 의식적인 자유를 자신에게 선물해 준 것입니다.

당신이 자신의 생각을 의도적으로 선택하면서 기분이 더 나아지는 것을 의식적으로 느끼게 될 때, 당신은 감정이라는 안내 시스템을 성공적으로 활용하고 있는 것입니다. 그래서 이제 당신은 자신이 바래왔고 또한 마땅히 누려야 할 진정한 자유의 길을 걸어갈 수 있습니다. 당신이 될 수 없고, 할 수 없고, 가질 수 없는 것은 아무것도 없기 때문입니다.

22장

감정 안내 눈금의
22가지 감정

각각의 감정은 진동 주파수가 서로 다릅니다. 이것을 더 정확히 표현하면, 감정들은 당신의 진동 주파수를 알려 주는 표지판이라는 사실입니다. 따라서 감정은 근원 에너지에 자신이 어느 정도 일치되어 있는지를 보여 주고 있으며, 기분이 좋을수록 소망의 주파수에 더 일치된 상태라는 것을 기억하게 되면, 당신이 어떤 순간에 느끼는 자신의 기분이나 감정에 어떻게 반응할 것인지를 이해하는 것도 더욱 쉬워집니다.

근원 에너지에 완전히 일치를 이룬 상태란 당신이 다음의 진실을 알고 있다는 의미입니다.

- 당신은 자유롭다.
- 당신은 강력하다.
- 당신은 선하고 멋지다.
- 당신은 사랑이다.
- 당신은 가치 있는 존재다.
- 당신은 목적이 있다.
- 모든 것이 좋고 괜찮다. All is well

당신이 당신 자신의 참된 본성을 일깨우는 생각을 하고 있을 때에는 언제나 진정한 당신 자신에 진동적으로 정렬(일치)된 상태가 됩니다. 그런 순간이 바로 절대적인 정렬 상태이기 때문입니다. 그리고 그런 생각이 당신에게 불러일으키는 느낌은 근원과 연결될 때 느끼는 최상의 기분입니다. 이것을 자동차의 연료 게이지에 비유한다면, 근원과 완전히 연결된 정렬 상태는 연료 탱크가 가득 찬 것과 같습니다.

이를테면, 단계적으로 수치가 표시된 어떤 게이지 또는 눈금 저울을 상상해보세요. 그것의 한쪽 끝은 근원 에너지와의 내재적 연결을 완전히 '허용'하는(가득 찬) 지점을 표시하고, 다른 쪽 끝은 그러한 연결에 최고로 '저항'하는(바닥 난) 지점을 표시합니다.

당신의 감정들에 대한 눈금을 당신이 근원과의 연결을 완전히 허용할 때의 감정부터 단계적으로 나열해 보면 다음과 같을 것입니다.

〈22단계 감정안내눈금EGS〉

1	기쁨 / 앎 / 권능 / 자유 / 사랑 / 감사	POWERFUL
2	열정	
3	열의 / 열망 / 행복	
4	긍정적 기대 / 신념	
5	낙관	
6	희망	
7	만족	
8	지루함	
9	비관	
10	좌절 / 짜증 / 초조	
11	압도감	
12	실망	
13	의심	
14	걱정	
15	비난	
16	낙담	
17	화	
18	복수심	
19	증오 / 분노	
20	질투 또는 시기	
21	불안감 / 죄책감 / 무가치함	
22	두려움 / 슬픔 / 우울함 / 절망 / 무력감	POWERLESS

사람에 따라 같은 말이 종종 다른 의미로 사용되기도 하고, 다른 말이 같은 것을 지칭하기도 합니다. 따라서 감정에 대한 이러한 명칭은 그것을 느끼는 각각의 사람들에게 절대적으로 정확한 것은 아닙니다. 실상, 감정에 붙이는 이런 꼬리표가 다소 혼란을 초래할 수도 있습니다. 또한 이 감정안내눈금을 통해 말하고자 하는 진정한 목적에서 당신의 주의를 분산시킬 수도 있습니다.

감정안내눈금의 활용에 있어 가장 중요한 것은, 현재의 기분보다 의식적으로 더 나은 기분을 향해 나아가는 것입니다. 감정의 명칭들은 그렇게 중요하지 않습니다.

감정안내눈금을 의식적으로 활용하기

자, 어떤 끔찍한 일이 당신에게 일어났습니다. 아무것도 좋아 보이지 않고, 기분 좋게 느껴지는 게 전혀 없습니다. 마치 질식할 것만 같은 답답함을 느끼며 생각하는 모든 것들이 고통스럽기만 합니다. 거의 대부분 이런 상태에 빠져 있는 당신의 감정을 가장 잘 표현해 주는 단어는 '우울함'일 것입니다.

이런 상태에서 어떤 물리적 행위를 하게 되면, 기분은 조금 나아질 것입니다. 또한 당신을 괴롭히는 생각을 마음속에서 모두 놓아버리고 지금 하고 있는 일에만 집중하면 기분이 더 좋아질 수 있습니다. 그리고 차분히 숙고해보면, '우울한' 상태에서 벗어나게 해줄 수 있는 즐거운 생각들도 많이 있을 겁니다. 그렇지만 그런 생각 중에서 바로 접근할 수 있는 것은 아마도 거의 없을 것입니다. 당신을 즐겁게 해줄 생각의 진동은 우울한 상태의 진동과는 현격히 다르기 때문입니다. 그렇다할지라도 당신의 의도가 어떤 것이든 더 기분 좋게 느껴지는 생각을 찾아내는 것이라면, 그래서 그 생각이 어떻게 느껴지는지 의식적으로 알게 된다면, 당신은 '감정안내눈금' 상에서 현재 상태보다 더 위쪽에 위치한 더 기분 좋은 상태로 즉시 움직여 갈 수 있습니다. 이것은 진실로 현재 품고 있는 생각보다 더 기분 좋게 느껴지는 생각을 찾아내 그 새로운 생각의 진동을 느껴보는 과정입니다. 새로 찾아낸 생각이 이제까지 느껴왔던 기분과는 달리 어떤 편안한 느낌을 가져오는지를 예리하게 의식해 보는 과정입니다. 그래서 현재의 기분보다 약간이라도 더 편안한 안도감을 느껴보겠다는 단 하나의 목적을 위해 찾아낸 생각을 생각해보고 느껴보고, 또 생각해보고 느껴보는 것입니다.

예를 들어 보겠습니다. 누군가가 우울한 기분에 빠져 있는 당신에게 화나는 하는 말을 했거나 또는 당신과의 약속을 지키지 않았을 수 있습니다. 그래서 당신이 화나는 말이나 상황에 집중하게 되면, 우울한 상태보다 기분이 더 나아졌다는 것을 알아차릴 수 있습니다. 다시 말해서, 화나는 생각에 빠져 있을 때가 우울한 상태에 있을 때보다는 호흡이 훨씬 더 좋아진 것입니다. 꽉 막힌 곳에 갇힌 듯한 답답한 느낌이 사라지면서 당신의 기분은 약간 더 좋아지게 된 것입니다(감정안내눈금에서 '우울함'은 가장 아래쪽인 22번째에 해당되고, '화'는 17번째에 해당된다_역주).

이제 당신은 감정 안내 시스템을 효과적으로 활용하는 데 있어 아주 중요한 단계에 이르렀습니다. 여기서 잠시 멈추세요, 그리고 지금 당신이 선택한 화나는 생각이 이전의 질식할 것만 같던 우울한 기분보다 더 기분 좋게 느껴진다는 것을 의식하고 인정하십시오. 당신의 진동 상태가 더 나아졌다는 것을 의식적으로 인식하고 인정하면, 당신이 이전에 느꼈던 무력한 느낌도 완화됩니다. 그리고 이제 당신은 '감정 안내 눈금'을 타고 진정한 당신 자신에 완전히 연결된 기분을 향해 나갈 추동력을 갖게 됩니다.

화내는 것이 더 기분 좋아지는 일인데, 왜 사람들은 못하게 할까요?

종종 우울함이나 두려움과 같은 아주 저항적인 진동 상태에 있을 때, 당신은 이미 본능적으로 심지어는 무의식적으로도, 화를 내면 고통을 줄어든다는 것을 알고 있었습니다. 그런데 화를 내는 것은 절대로 적절치 않은 행동이라고 당신에게 가르치고 확신시켜온 사람들이 아주 많이 있었습니다. 하지만 그들이 당신 안에서 살고 있지 않기에, 당연히 그들은 화가 나는 생각이 불러오는 당신의 더 나아진 기분을 느끼지 못합니다. 그럼에도 그들은 늘 당신에게 화내는 것은 좋지 않다고 충고합니다. 당신이 그들의 그런 말을 받아들이게 되면 이전과 같은 우울한 기분 속으로 다시 빠져들게 될 뿐입니다. 하지만 이제 당신이 스스로 화나는 생각을 선택했다는 사실과 그로 인해 기분이 더 나아졌다는 것을 의식적으로 알게 된다면, 당신은 자신이 화(감정안내눈금의 17번째) 나는 생각으로부터 좌절(감정안내눈금의 10번째)과 같은 덜 저항적인 진동 속으로 움직여 간다는 것을 명확하게 알게 될 것입니다. 그래서 감정 안내 눈금의 위쪽에 위치한 근원과 완전히 연결된 진동 상태를 향해서 곧장 나아간다는 것도 알게 될 것입니다.

약간이라도 기분이 더 좋아지는 것이
아주 큰 가치가 있는 이유

당신이 현재 놓여 있는 삶의 자리를 의식적으로 알아차리게 되고, 또한 앞으로 살고 싶은 삶의 자리에 대해서도 명확히 알게 된다면, 게다가 지금 당신이 살고 싶은 삶을 향해 나아가고 있는지 아닌지를 알 수 있는 어떤 수단을 갖게 된다면, 이제 그 누구도 당신을 현재의 삶의 자리에 붙잡아 놓을 수 없습니다. 앞으로 살고 싶은 삶을 향해 나아가고 있는 당신을 가로막을 수 있는 것은 아무것도 없습니다. 당신이 삶의 체험들을 스스로 통제할 수 없다고 느끼는 주된 이유는, 당신이 어떤 순간에 어디를 향해가고 있는지 스스로 깨닫지 못하고 있기 때문입니다. 당신이 느끼는 감정과 그것이 의미하는 바를 의식적으로 알지 못하면, 당신은 종종 자신이 정말로 살고 싶은 삶과 정반대로 나아가게 됩니다.

감정을 표현하는 단어는 많습니다. 그러나 실제로는 단지 두 가지 감정만이 있을 뿐입니다. 기분 좋은 감정feel good과 기분 나쁜 감정feel bad이 바로 그것입니다.

감정눈금에 단계적으로 적혀 있는 여러 감정은 단지 강력하고 순수하며 긍정적인 근원 에너지를 당신이 어느 정도 허용하고 있는지를 보여 주는 신호일 뿐입니다. 그러한 근원에 완전히 연결된 상태는 기쁨·사랑·감사·앎 또는 자유와 같은 느낌들로 다가섭니다. 이러한 감정의 핵심은 당신 자신이 강력한 힘을 가진 존재라는 느낌, 즉 '자기 권능Self-Empowerment'의 느낌입니다. 그리고 근원과 가장 멀리 연결되어 있는 상태는 절망·슬픔·두려움·우울함 같은 기분입니다. 이러한 감정들이 본질적으로 말하는 것은 당신 자신에게 창조적 권능이 없다는 무력감의 느낌, 즉 '권능 없음dis-empowerment'의 느낌입니다.

당신이 자신의 기분을 의도적으로 아주 조금이라도 나아지게 할 수 있다는 사실을 알아차리는 것에는 어마어마하게 큰 가치가 있습니다. 그것을 통해서 당신이 자신의 체험을 스스로 통제할 수 있다는 자기 권능의 느낌 속으로 다시 들어갈 수 있기 때문입니다. 비록 당신이 근원과의 완전히 연결될 때 느끼는 권능의 느낌까지는 아직 익숙해있지 않을지라도, 더 이상 무력하다고는 느끼지 않습니다. 따라서 당신은 이제 진동적 감정 눈금을 타고 더 나은 기분을 향해 가는 여행이 가능하게 되었습니다. 게다가 더 쉽게 여행하게 되었습니다.

오직 당신만이 화를 선택하는 게 적절하다는 것을 압니다

아주 심하게 우울한 사람이 화가 나는 생각을 할 때 마음이 더 편안해집니다. 이 사실을 발견한다면, 그리고 그 자신이 화가 나는 생각을 의도적으로 선택하는 것이 더 중요하다는 것을 인식한다면, 그는 즉각적으로 자신의 내면에서 느껴지는 권능의 감각을 회복하고 우울한 기분도 사라질 것입니다. 물론 그가 화난 상태에 계속 머무르지 않는 것도 중요합니다. 하지만 무엇보다도 이제 그는 그렇게 화가 나있는 자리에서 그보다 좀 더 편안한 '좌절' 속으로 접근해갈 수 있습니다.

아직도 감정에 담긴 진동적 내용을 이해하지 못해서 화를 내는 것을 아주 못마땅해 하며 충고하는 사람들이 많습니다. 대다수의 사람들은 화를 내는 사람을 달가워하지 않기 때문입니다. 사람들은 이기적이게도 당신이 차라리 화를 내기보다는 이전의 무기력하고 우울한 상태로 지내기를 더 바랍니다. 그 이유는 보통 '우울함'은 당사자 내면에서만 조용히 진행되지만, '화'는 종종 주변에 있는 누군가를 향해 표출되기 때문입니다.

하지만 당신을 제외한 다른 사람들은 당신이 선택한 '화'의 생각이 당신을 더 나은 기분으로 이끌어 주었다는 사실을 모릅니다. 오직 당사자인 당신 자신만이 더 편안한 느낌인 안도감을 통해서 어떤 생각이 당신에게 적절한 것인지를 알 수 있습니다. 당신이 자신의 기분을 통해서 스스로를 인도해가겠다고 결정하지 않는 한, 당신은 결코 자신의 소망을 실현하기 위해 꾸준히 걸어갈 수 없습니다.

최고로 기분 좋게 지낼 수 있도록 최선을 다하겠어!

만약 당신이 화내는 상태로 계속 머무를 뜻이 없다는 것을 주위 사람들이 이해하게 된다면, 그들은 아마도 더 편안하게 느낄 것입니다. 만약 사람들이 당신의 더 큰 계획이 현재의 '화'나는 상태를 통해서 더 기분 좋은 쪽으로 움직여가는 것임을 알게 된다면, 그러니까 '화'에서 '좌절감'으로, '좌절감'에서 '압도감'으로, 이어서 '낙관적'인 기분으로 계속 움직여 나아가서, 결국은 '모든 것이 좋고 괜찮다All is well'는 앎 속으로 점차적으로 옮겨가는 것이 당신의 의도라는 것을 알게 된다면, 그들은 당신이 현재 화를 내는 상태에 대해서 훨씬 더 인내심을 갖고 대하게 될 것입니다.

일종의 본능적인 자기 생존의 수단으로, '우울함'이나 '두려움'같은 무기력한 상태로부터 '화'의 상태로 자연스럽게 이동해가려는 사람들이 많습니다. 하지만 가족과 친구들 또는 조언자들은 화를 내는 것이 적절하지 못하다고 반대합니다. 그래서 그들의 조언을 받아들인다면, 이전의 무력감 속으로 다시 빠져들게 됩니다. '우울함'에서 '화'로, '화'에서 '우울함'으로, 다시 '우울함'에서 '화'로 반복되는 사이클을 계속 되풀이하게 되는 것입니다.

당신은 삶의 체험을 뜻대로 펼쳐가는 느낌인 개인적인 권능과 통제력을 회복해야 합니다. 그 회복의 열쇠는 자신의 현재 기분이 좋든 나쁘든 상관없이, 현재 삶의 상황 속에서 가장 기분 좋게 되기 위해서 최선을 다하겠다고 지금 당장 결정하는 것입니다. 바로 지금 당신이 서 있는 삶의 자리에서 찾아낼 수 있는 가능한 가장 기분 좋게 느껴지는 생각을 향해 나아가세요. 계속해서 그렇게 나아간다면, 짧은 시간 안에 당신은 아주 기분 좋은 진동 상태 속에 있게 될 것입니다. 바로 이것이 일이 작동해가는 방식입니다!

지금보다 기분이 더 좋아진다면, 나는 무엇이든 할 수 있어!

다음 이야기를 당신 삶의 신조로 삼아보세요.

"나는 지금 당장 가능한 가장 기분 좋은 생각을 찾아낼 거야, 난 언제나 더 편안한 안도감을 느낄 수 있는 방향으로 일관되게 나아가겠어!"

그리고 또한 다음의 사실들을 기억하세요.

- '격노'는 우울함이나 슬픔, 절망, 두려움, 죄책감, 무력감보다 더 편안한 안도감을 줍니다.
- '복수심'은 격노보다 더 편안한 안도감을 줍니다.
- '화'는 복수심보다 더 편안한 안도감을 줍니다.
- '비난'은 화보다 더 편안한 안도감을 줍니다.
- '압도감'은 비난보다 더 편안한 안도감을 줍니다.
- '짜증'은 압도감보다 더 편안한 안도감을 줍니다.
- '비관'은 짜증보다 더 편안한 안도감을 줍니다.
- '희망'은 비관보다 더 편안한 안도감을 줍니다.
- '낙관'은 희망보다 더 편안한 안도감을 줍니다.
- '긍정적 기대감'는 낙관보다 더 편안한 안도감을 줍니다.
- '기쁨'은 긍정적 기대감보다 더 편안한 안도감을 줍니다.

연습을 통해서 조만간 당신은 감정안내눈금이 당신에게 알려 주는 내용을 이해하는데 아주 익숙해질 것입니다. 일단 당신이 개선된 감정이 불러오는 더 기분 좋은 편안한 안도감을 향해서 지속적으로 나아가겠다고 확고히 결정한다면, 당신은 대부분의 시간을 기분 좋게 지내고 있다는 것을 알게 될 것입니다. 또한 당신의 체험 속으로 바라는 모든 것들이 흘러들어오는 것을 허락하고 있는 자신을 발견하게 될 것입니다.

당신이 느끼는 기분에 주의를 기울이는 것은 당신에게 일어나는 모든 일을 이해하기 위해서 꼭 필요한 일입니다. 당신의 기분은, 그리고 당신이 더 기분 좋은 생각을 향해 갈 때 발견하는 편안한 안도감은, 당신이 삶 속으로 무엇을 끌어당기고 있는지 정확히 알려주는 유일한 척도입니다.

왜 어떤 사람들은 아무것도 소망하지 않기를 바라는 거죠?

우리는 소망에 담긴 감각을 '새로운 가능성에 대한 감미로운 자각'으로 묘사하고 싶습니다. 소망은 경이로운 확장을 설레는 마음으로 기대하는 신선하고 자유로운 느낌입니다. 소망에 담긴 느낌은 진실로 당신을 통해서 생명력이 흘러가는 느낌입니다. 하지만 많은 사람들은 소망이라는 말을 사용하면서도 진정한 소망의 느낌과는 꽤나 다르게 느낍니다. 그들에게 있어 소망이란 종종 뭔가를 동경하는 것과 같습니다. 그들은 자신이 체험하고 싶고 갖고 싶은 뭔가에 집중하면서 동시에 그것이 없다는 사실에도 주목하기 때문입니다. 그렇기에 그들이 비록 소망이란 단어를 사용한다고 해도, 실제로는 자신들이 바라는 것이 없다는 결핍의 진동을 내보내고 있습니다. 그들은 마침내 소망의 느낌이란 자신이 현재 가지고 있지 않은 어떤 것을 원하는 동경과 같은 것이라고 생각합니다. 하지만 순수한 소망에는 결핍의 느낌이 아예 없습니다.

따라서 만약 당신이, 그게 무엇이든 당신이 요청하면 그것은 언제나 주어진다는 것을 계속해서 유념한다면, 당신이 품는 소망은 이제 저항의 진동이 전혀 스며들지 않는 순수한 소망이 될 것입니다.

많은 사람들은 자신들이 현재 완전하게 누리지 못하고 있는 어떤 것을 갖거나 체험하길 바랍니다. 어떤 경우에는 그것들을 아주 오랜 시간 동안 바라왔습니다. 그래서 그들은 자신이 바라는 것을 생각하면서 동시에 그것을 아직 갖고 있지 않은 자신의 현재 상황도 생각합니다. 머지않아 그들은 자신들이 그렇게 해서 으레 느끼게 된 기분이 소망에 담긴 원래 기분이라고 믿게 됩니다. 다시 말해서, 자신이 원하는 것에 대해 생각하면서도 그것을 가지고 있지 않은 현재 상황은 의식하지만, 자신의 소망을 실현하는 방법에 대해서는 전혀 알지 못할 때 느끼는 기분을 소망의 느낌으로 알게 된다는 것입니다. 하지만 실상 그들은 순수하게 소망하지 않고 있습니다. 그들은 자신들의 소망에 저항하고 있는 것입니다. 그들의 진동은 보통 자신들이 원하는 것에 관한 진동이기보다는 소망하는 것이 없거나 부족한 현재 상황을 반영한 진동을 더 많이 포함하고 있습니다.

그들은 자신들이 진동적으로 무슨 일을 하고 있는지에 대해서 전혀 깨닫지 못한 채, 그들 자신을 소망의 주파수로부터 진동적으로 멀리 떼어놓고 있는 것입니다. 그렇기에 시간이 지나면서 그들은 원하는 것이 실현되지 않는 불만족스럽고 무기력한 자신들의 느낌을 소망이라고 믿게 됩니다.

우리에게 이렇게 말하는 사람들이 있습니다.

"아브라함, 난 소망을 품는 것은 적절치 않다고 배웠습니다. 소망을 품는 것은 내가 바라는 영적 성취를 방해할 뿐이라는 말을 들었지요. 그리고 소망을 이뤄야 행복해지는 것이 아니라 소망을 포기해야 행복하다고 배웠습니다."

그것에 대해 우리는 이렇게 묻고 싶습니다.

"그런데 당신이 원한다고 말하는 삶의 행복이나 영적인 상태도 소망이 아니던가요?"

우리는 당신이 바라는 어떤 소망에 당신을 가까워지게 하거나 멀어지게끔 인도하기 위해서 여기에 있는 것이 아닙니다. 우리의 일은 당신이 당신 삶의 모든 체험을 창조해내는 창조자라는 진실과 당신의 소망은 당신이 몸을 입고 지구라는 물리적 환경 속에서 살아가는 결과로서 늘 당신 안에서 자연스럽게 태어나고 있다는 진실을 당신이 이해할 수 있도록 돕는 것입니다. 우리는 당신이 모든 소망을 실현하고, 진정한 당신 자신인 근원 에너지에 진동적으로 완전히 정렬되는 것을 돕고 싶습니다.

우리는 어떤 이들이 당신에게 모든 소망을 내려놓으면 기분이 더 좋아질 거라고 말하는 이유를 이해합니다. 사실 당신이 느끼는 부정적인 감정은, 당신의 소망에 담긴 진동과 당신의 현재 진동 사이에 존재하는 진동적 차이에서 비롯되는 것입니다. 하지만 당신을 근원에 일치시키는 방법으로서 제시된 모든 소망을 내려놓는 길이란 당신에게 전혀 자연스럽지 않은 매우 어려운 길입니다. 우주 전체가 본래 당신 안에 늘 새로운 소망을 탄생시킬 수밖에 없는 방식으로 설정돼 있기 때문입니다. 그렇기에 당신이 근원에 정렬되는 훨씬 더 쉬운 방법은, 그래서 더 기분 좋게 살아가는 길은, 소망을 놓아버리는 것이 아니라 소망에 상충되는 저항의 생각을 놓아버리는 것입니다.

당신의 소망이 친밀하고 자연스럽게 느껴집니까?

당신의 상상력은 소망이 더 빨리 실현되도록 도와줄 것입니다. 상상 속에서 당신은 원하지 않는 부분은 제거하고 수정할 수 있습니다. 당신은 일들을 외적으로 크게 준비하거나 작게 만들 필요가 없습니다. 당신은 그 모든 것을 마음속 상상을 통해서 할 수 있기 때문입니다. 우리는 지금 당신이 해야 할 다음 단계의 물리적 행위에 대해서 말하는 게 아닙니다. 우리는 당신의 커다란 꿈과 비전이 자신에게 아주 친숙하고 편안하게 느껴질 때까지 소망의 진동에 자신을 일치시켜감으로써 그것의 물질화가 자연스런 다음 단계로 일어나게 될 때까지 당신의 상상력을 사용해가는 것에 관해 이야기하고 있습니다.

예를 들어, 어떤 모녀가 근사한 민박집을 운영하기 위해 아름다운 지역에 있는 멋진 집을 구입하는 것에 관해 심각하게 고민하고 있다고 합시다. 딸이 엄마에게 말했습니다.

"근사한 민박집을 운영할 수만 있다면, 저는 평생 행복할 것 같아요. 만약에 그 꿈이 이루어진다면, 제가 이제껏 꿈 꿔왔지만 이루지 못했던 그 모든 일들에 대해 보상받은 것이 될 거예요."

이 경우, 그녀는 아직 소망을 이루는데 필요한 순수한 진동의 자리에 있지 않은 것입니다. 자신의 소망이 너무 커서 실현될 것 같지 않다고 느끼고 있다면, 그것은 아직 물질화될 준비가 되어 있지 않는 상태입니다. 반면에 소망하는 것이 아주 친숙하고 편안하게 느껴지고 그것의 물질화가 다음 단계로 자연스럽게 여겨진다면, 그것은 물질화되기 직전의 상태에 와 있습니다.

창조 과정을 통제하고 있다고 느낄 때, 당신은 모든 것을 즐길 수 있습니다

당신의 소망을 우주적 힘 또는 근원 에너지가 배달해주는 걸 허용하는 진동 자리에 있는지의 여부를, 당신은 기분을 통해서 명확히 알 수 있습니다. 기분에 주의를 기울이는 연습을 해가면, 당신이 바라는 것이 구현되기 일보직전에 와 있는지 아니면 여전히 진행 중인지를 알 수 있게 됩니다. 하지만 가장 중요한 것은, 일단 당신이 자신의 기분을 통제하고 있다는 느낌에 이르게 되면, 그때 당신은 그 모든 과정을 즐기게 될 거라는 사실입니다.

- 당신은 자신의 소망이 태어나는 걸 돕는 이 물질 세상의 '다양성'과 '대조' 속으로 들어와 있다는 사실을 즐기게 될 것입니다. 그리고 당신 자신만의 독특하고 소중한 관점에서 탄생된 소망의 느낌이나 감각을 즐기게 될 것입니다.

- 당신은 당신 안에서 태어난 소망에 자신이 진동적으로 정렬되지 않는 순간을 알아차릴 때 느끼는 감각을 즐기게 될 것입니다. 그러한 알아차림 속에서 다시 한 번 자신을 소망의 주파수에 의도적으로 일치시켜갈 때 느끼는 감각 또한 즐기게 될 것입니다.

- 소망 실현에 대한 의구심이 점차 사라지고, 그 대신 웰빙의 안전한 느낌 속에서 당신은 편안해질 것입니다.

- 당신은 자신이 바라는 것들이 물질화되기 일보직전에 와 있는 전조를 감지하게 됩니다. 그래서 삶 속에서 일이 펼쳐지는 것을 보면서 즐기게 될 것입니다. 그리고 소망이 삶 속에 물질화되는 것을 목격하면서 찬탄할 것입니다.

- 마치 조각가가 점토를 손으로 빚어 조각상을 완성하는 것만큼 실제적

인 방식으로, 당신도 자신의 소망을 의식적으로 주조해 구체적 현실로 구현해냈다는 사실에 경이로움과 기쁨을 감출 수 없을 것입니다.

- 당신은 자신이 끌어온 체험적 결실에 자신을 진동적으로 정렬시켜갈 때마다 거듭해서 느끼는 설레고 흥분되는 감각을 즐기고 찬탄하게 될 것입니다.

우주 전체가 당신 안에 새로운 생명의 활기를 불러오는 소망을 탄생시키기 위해 있습니다. 소망의 흐름에 진동적으로 조화를 이루고 살 때, 당신은 진실로 생생히 살아 있음을 느낄 것입니다. 그리고 당신은 진실로 살아 있게 될 것입니다.

아브라함에 대한 소개

"그녀는 여러 영혼과 대화를 한대요! 그녀가 다음 주에 여기 올 텐데, 당신들도 시간 약속을 하면 어떤 것이든 물어볼 수 있어요!"

어느 날 한 친구가 우리 부부에게 전해준 말입니다.
"무슨 말도 안 되는 소리람!"

속으로 이런 생각을 하고 있는데, 남편 제리가 말했습니다.
"그녀와 약속을 했으면 좋겠는데……. 여보, 우리 그렇게 하는 게 어때요?"

* * *

그때가 1984년이었습니다. 결혼한 지 4년째 되는 해였습니다. 그때까지 우리는 한 번도 말다툼을 한 적이 없었고 서로 귀에 거슬리는 말도 주고받은 적이 없었지요. 우리는 기쁨에 넘치는 행복한 커플이었고, 거의 모든 주제에 대해서 의견을 같이하고 있었습니다. 내가 좀 불편하게 느낀 일이라면 제리가 20년 전에 있었던 자신의 경험담을 친구들에게 이야기 할 때뿐이었습니다. 그게 유일했습니다. 그것은 위자보드^{Ouija board}(알파벳과 기호가 쓰여 있는 점판으로, 죽은 사람이 보내는 메시지를 받는데 쓰인다고 함_역주)에 대한 경험담이었습니다. 우리가 레스토랑이나 어떤 공공장소에 있을 때, 그런 이야기를 시작할 기미가 보이면, 나는 정중하게(때로는 정중하지 않을 때도 있었지만) 양해를 구하고 자리를 떠났습니다. 그리고 그 이야기가 끝났다 싶을 때까지 바에 앉아 있거나 산책을 했습니다. 내가 자리로 돌아올 즈음이면 제리는 그 이야기를 다 끝낸 듯 만족해하는 모습을 하고 있었습니다.

어렸을 때 나는 종교에 심취한 소녀는 아니었지만, 주말 성경학교에 나가고 있었습니다. 그래서인지 악이나 악마와 같은 것에 강한 공포심이 있었습니다. 성경학교 선생님 때문에 그런 두려움을 갖게 되었는지, 아니면 내 마음속에 이미 그런 두려움이 자리 잡고 있었는지는 잘 모르겠습니다. 그러나 어린 시절을 회상할 때면 그런 두려움이 가장 먼저 떠오릅니다.

그런 영향으로 마음속에 새겨진 두려움 때문에, 나는 악마와 연결될 수 있을 것 같은 느낌이 드는 일이라면 어떤 것이든 조심스럽게 피하게 되었지요. 성인이 되고 나서 자동차 극장에 간 적이 있었습니다. 그때 자동차의 뒷 유리창을 통해 다른 영화의 한 장면을 우연히 보게 되었습니다. 공포 영화 〈엑소시스트〉가 상영 중이었습니다. 나는 그런 공포 영화는 절대 보지 않는 사람이었습니다. 소리는 들리지 않았고 화면만 잠깐 보았는데 나는 너무도 무서워서 큰 충격을 받았고 그 날 이후 몇 주 동안 악몽에 시달리게 되었지요.

* * *

"신과 대화를 한다는 여자의 이름은 쉐일라Sheila인데, 시간 약속을 해서 알려 줄게."

친구가 제리에게 말했습니다.

그렇게 약속 날짜가 잡히자 제리는 며칠에 걸쳐서 그녀에게 할 질문을 작성하더군요. 제리는 어렸을 때부터 궁금한 것이 많았다고 했습니다. 하지만 나는 아무런 질문도 준비하지 않았지요. 오히려 그곳에 가는 것이 상당히 걱정스러웠습니다.

우리가 애리조나 주의 피닉스 시의 중심부에 있는 어느 아름다운 집 앞에 도착했을 때, 이런 생각을 했던 기억이 납니다. '도대체 내가 지금 무슨 짓을 하려는 거지?' 우리가 현관 문 쪽으로 걸어가자 어떤 우아한 부인이 마중을 나와 잘 꾸며진 거실로 우리를 안내하였습니다. 우리는 그곳에서 약속 시간이 되기를 기다렸습니다.

그 집은 크고 넓었습니다. 아름다운 가구로 단순하게 장식된 아주 조용한 집이었습니다. 그곳은 교회에 온 것 같은 어떤 경건한 느낌을 주었습니다.

그때 방문이 열리면서 화사한 밝은 색의 면 블라우스와 스커트를 입은 부인 둘이 방으로 들어왔습니다. 우리가 점심시간 후의 첫 손님인 것이 분명했습니다. 그 두 부인은 생기 있고 행복해 보였지요. 마음이 좀 편안해 지더군요. 걱정했던 것과는 달리 좋지 않은 일이 생기지는 않을 것 같은 예감이 들었지요.

조금 뒤에 우리는 우아한 침실로 안내되었습니다. 그곳에는 의자 세 개가 침대 발치에 놓여 있었고 쉐일라가 침대 모서리에 앉아 있었습니다. 그녀의 보조원이 쉐일라 곁에 있는 테이블 위에 소형 녹음기를 올려놓고 나서 의자에 앉았습니다. 제리와 나는 다른 의자에 앉아, 앞으로 벌어질 일들에 바짝 긴장을 하였지요.

그 보조원이 이렇게 설명하더군요. 이제 쉐일라가 이완된 상태에서 그녀의 현재 의식을 놓게 되고, 그러면 비물리적 존재인 '테오(Theo)'라고 불리는 실체가 그녀를 통해 우리에게 말을 하게 된다고 하였지요. 그러면 우리가 하고 싶은 얘기나 궁금한 것이 있으면 무엇이든 자유롭게 말하라고 했습니다.

쉐일라는 우리가 앉아있는 바로 옆의 침대에 누웠습니다. 그러더니 깊게 호흡하기 시작했습니다. 잠시 후 그녀의 입에서 약간 특이한 목소리가 불쑥 튀어나왔습니다.

"이제 시작이군요. 그렇지요? 질문하실 게 있습니까?"

나는 제리가 질문할 준비가 됐기를 바라면서 그를 쳐다보았습니다. 난 그때 우리에게 말하는 존재가 누구이든 상관없이 그 존재와 얘기할 준비가 되어 있지 않았으니까요. 제리는 기꺼이 첫 질문을 할 준비가 된 듯, 몸을 약간 앞으로 기울이더군요.

테오의 말이 쉐일라의 입을 통해 천천히 흘러나오자 긴장이 풀리는 것 같았습니다. 그리고 우리가 듣고 있는 소리는 쉐일라의 목소리였지만, 거기서 나오는 놀라운 대답의 근원은 쉐일라가 아닌 다른 어떤 존재라는 사실을 알 수 있었습니다.

제리는 자신의 질문은 다섯 살 때부터 시작해 지금껏 쌓여왔던 의문들이라고 말하면서, 가능한 빠른 속도로 질문을 했습니다. 우리에게 할애된 30분은 아주 빨리 지나갔습니다. 그동안 나는 한 마디도 하지 않았습니다. 하지만 좀 이상한 체험을 할 것이라는 나의 두려움은 완전히 사라져버렸습니다. 오히려 난 그때까지 느껴보지 못한 커다란 행복감이 차오르는 것을 느꼈습니다.

차로 돌아온 뒤에 나는 제리에게 말했습니다.

"내일 다시 왔으면 좋겠어요. 물어보고 싶은 게 몇 가지 있어요."

그 말에 제리도 매우 기뻐하면서 기꺼이 다시 또 약속을 정하자고 하더군요. 그도 아직도 물어볼 것이 많이 남아 있었기 때문이지요.

그 다음날 우리는 다시 쉐일라를 만났습니다. 우리에게 할당된 시간이 반쯤 지났을 때, 제리는 약간 아쉬워하는 표정으로 나머지 시간을 나에게 넘겨주었습니다. 나는 테오에게 물었지요.

"어떻게 하면 우리가 바라는 소망과 목표를 효과적으로 이룰 수 있을까요?"

"명상과 긍정적인 확언을 통해서"

이런 답변이 돌아왔습니다.

명상을 해야 한다는 것은 나에겐 전혀 마음이 내키지 않는 일이었습니다. 그때까지 나는 명상을 하는 사람을 전혀 알지 못했기 때문이었지요. 사실, 명상이란 말을 들었을 때 마음속에 떠오르는 사람들이 있었습니다. 못이 박혀 있는 판자 위에 누워 있는 사람이나 뜨거운 숯불 위를 맨발로 걷는 사람, 수년 동안 한쪽 발로 서있는 사람, 공항 같은 데서 긴 머리를 한 채 구걸을 하는 사람들이었습니다. 그래서 다시 물었지요.

"명상을 어떻게 하지요?"

그에 대한 답변은 짧았지만 꽤 기분 좋게 느껴지는 말이었습니다. "가능한 편안한 옷을 입고 조용한 방에 앉으세요. 그리고 호흡에 당신의 주의를 집중하세요. 하다보면 마음에 이런 저런 생각이 떠오를 것인데요. 그럴 때는 그 생각 속으로 빠져들기보다는 그것들을 놓아버리고, 다시 호흡에 의식을 집중하세요. 당신들 두 분이 함께 하면 좋을 거예요. 그러면 더욱 강력한 효과가 있을 겁니다."

"우리를 위해서 도움이 될 만한 확언 문장을 주실 수 있습니까?"

우리가 물었습니다.

테오가 답변했습니다.

"나(에스더)는 신성한 사랑을 통해서, 명상을 통해서, 깨달음을 추구하는 존재들을 보게 되고 그들을 나에게 끌어온다. 그런 교류를 통한 나눔은 이제 우리 모두를 고양시킬 것이다."

테오의 말이 쉐일라의 입을 통해 흘러나왔을 때, 내 존재의 깊은 곳이 울리는 느낌이 들었습니다. 이전에는 느껴보지 못했던 사랑의 느낌이 나를 통해 물결쳤습니다. 어느새 내 안의 두려움은 사라져 버렸습니다. 나와 제리는 경이로움을 느꼈습니다.

"내 딸, 트레이시도 당신을 만나러 여기에 데려오는 게 좋을까요?"

내가 물었지요.

"트레이시가 원한다면 그렇게 하세요. 그러나 꼭 그럴 필요는 없습니다. 당신 두 사람(제리와 에스더)도 쉐일라와 같은 능력이 있으니까요."

그 말은 당시 나에겐 전혀 이해할 수 있는 말이 아니었습니다. 나는 그 당시 이미 삼십대였고, 그 말이 사실이라면 그때까지 내가 그 사실을 모르고 있을 수 없다고 생각했기 때문이지요.

녹음기가 덜컥하고 멈췄습니다. 우리의 평범하지 않은 경험이 끝난 것이 약간 아쉬웠습니다. 쉐일라의 보조원이 우리에게 마지막으로 질문할 게 있는지 물었습니다.

"혹시 당신의 영적 안내자가 누구인지 알고 싶지 않으세요?"

만약 그녀가 묻지 않았다면, 그런 질문을 결코 하지 않았을 것입니다. 나는 '영적 안내자'라는 말을 들어본 적이 없었기 때문입니다. 하지만 그것도 꽤 좋은 질문이라는 생각이 들었지요. 나는 수호천사가 있을 거라고 상상하기를 좋아했습니다. 그래서 말했지요.

"네, 나의 영적 안내자의 이름을 말씀해 주실 수 있나요?"

테오가 말했습니다.

"우리는, 그들이 당신에게 직접 알려 주게 될 것이라고 들었습니다. 당신은 투청력 체험을 하게 될 것입니다. 그때 당신은 알게 될 거예요."

도대체 투청력 체험이 뭐지? 이상해서 물어볼까 했는데 테오가 끝맺는 투로 말했습니다.

"신의 사랑이 늘 당신들과 함께하기를 바랍니다."

곧바로 쉐일라가 눈을 뜨고 일어나 앉았습니다. 그렇게 테오와 나눈 우리의 놀라운 대화는 끝났습니다.

그 집을 떠나 차를 타고 돌아오는 길에 피닉스 산기슭에 있는 전망대에 들렀습니다. 우리는 차에 기대어 저 멀리 아름답게 펼쳐진

석양 노을을 바라보았지요. 우리는 그날 우리들 내면에서 일어난 변형에 대해서 알지 못했지만, 그 날의 체험이 특별하고 경이로웠다는 것만은 가슴으로 느낄 수 있었습니다.

집으로 돌아온 뒤, 나는 두 가지 강력한 목표를 갖게 되었습니다. 명상이 무슨 의미인지 모르겠지만 어찌됐건 명상을 하겠다는 것과 나의 영적 안내자의 이름을 알아내고 말겠다는 것이었지요.

그래서 우리는 편안한 옷으로 갈아입고, 거실의 커튼을 친 후 작은 책장을 사이에 두고 각자 커다란 안락의자에 앉았습니다. 테오는 우리 부부가 함께 명상하면 좋을 것이라고 말했지만, 명상은 나에게 어쩐지 낯설고 쑥스러운 것이었지요. 그런데 우리 사이에 놓인 작은 책장이 어떤 이유에선지 그런 기분을 누그러뜨리는데 도움이 됐습니다.

난 테오의 말을 다시 떠올려보았습니다.

"가능한 편안한 옷을 입고, 조용한 방에 앉으세요. 그리고 호흡에 당신의 주의를 집중하세요."

그래서 시계의 타이머를 15분에 맞춘 후 눈을 감고 의식적으로 호흡하기 시작했습니다. 그리고 마음속으로 질문을 했지요.

'나의 영적 안내자는 누구일까?'

그리곤 들이쉬고 내쉬는 호흡을 세어갔습니다. 곧바로 내 몸 전체 감각이 둔해지는 느낌이 들더군요. 코와 발가락이 구분되지 않을 정도였지요. 그것은 좀 기이하지만 편안한 느낌이었습니다. 그래서 나는 그 감각을 즐겼습니다. 비록 나는 내가 의자에 앉아 있다는 것을 알고 있었지만, 몸이 천천히 회전하는 듯한 느낌이었습니다. 그때 타이머 벨소리가 울려 깜짝 놀랐지만 나는 곧바로 말했지요.

"우리 한 번 다시 해봐요!"

다시 눈을 감고 호흡을 세기 시작했습니다. 또 다시 머리끝에서 발끝까지 감각이 무뎌지는 듯한 느낌이 느껴지고, 또 타이머가 울렸지요. 나는 너무 좋아서 또 다시 해보자고 말했지요.

그래서 다시 타이머를 15분에 맞춘 채 호흡 명상에 들어갔는데, 또다시 내 몸 전체가 마비되는 듯한 전신이 무감각 해지는 것을 느꼈습니다. 그런데 이번에는 어떤 뭔가가 혹은 누군가가 나대신 내 몸을 호흡해 들이마시기 시작했습니다. 내 입장에서 표현하자면, 그것은 내 몸의 깊은 곳에서 바깥으로 퍼져나가는, 환희에 넘치는 사랑의 물결에 휩싸인 듯이 느껴졌지요. 참으로 황홀하고 감미로운 감각이었죠! 제리도 즐거움 속에서 내쉬는 나의 부드러운 숨소리가 마치 황홀경 속에서 몸부림치는 것 같았다고 나중에 말했습니다.

타이머가 울리자 나는 명상 상태에서 깨어났는데, 이빨이 덜덜거렸습니다. 그런 일은 처음이었습니다. 그것은 오히려 드르륵 떨렸다는 게 맞는 표현인 것 같습니다. 평상시대로 돌아오기 위해 노력하는 가운데, 거의 한 시간 동안이나 그렇게 내 이빨들이 버저^{buzzer}

소리를 내는 듯이 부딪치며 달그락거렸습니다.

그 당시에는 나에게 무슨 일이 일어났는지를 깨닫지 못했지요. 하지만 지금은 그것이 아브라함과의 첫 번째 접촉이었다는 것을 압니다. 그땐 비록 그 체험이 무얼 의미하는지는 알지 못했을지라도, 그 의미가 무엇이든 간에 그것은 너무나 기분 좋았고 아주 멋진 일이었습니다. 나는 그런 체험이 또 다시 일어나기를 바랐습니다.

그래서 제리와 나는 매일 15분씩 명상을 하기로 했습니다. 그 날 이후로 9개월 동안 우리는 단 하루도 빠지지 않고 명상을 했습니다. 명상할 때마다 나는 마비되는 느낌 또는 몸으로부터 감각이 분리되어 초연해지는 듯한 느낌을 받았습니다. 하지만 이 밖의 다른 이상한 일은 일어나지 않았습니다. 그러던 중, 1985년 추수감사절 바로 전날이었습니다. 명상을 하던 도중에 내 머리가 저절로 부드럽게 좌우로 움직이기 시작했습니다. 그런 일이 있었던 다음 며칠 간, 명상할 때마다 내 머리는 부드럽게 흐르는 듯한 움직임 속으로 들어서곤 했습니다. 그것은 마치 하늘을 나는 듯한 상쾌한 느낌이었지요. 그런 움직임이 있기 시작한 지 사흘째 되는 날이었습니다. 명상 중에 나는 문득 내 머리가 무작위로 움직이는 게 아니라는 사실을 깨달았습니다. 그것은 마치 내 코가 허공에 알파벳을 쓰고 있는 것 같았는데, 그 글자는 "M-N-O-P" 였다는 걸 알아 차렸지요.

나는 제리에게 소리쳤습니다.

"내 코가 글자를 써요."

그 순간 너무도 황홀한 사랑의 느낌이 다시 들더군요. 그렇게 비물리적 에너지가 내 몸 전체를 통해 물결쳐 흐르자, 나의 온 몸이 전율하였습니다.

제리는 그걸 보고는 재빨리 노트를 꺼내서 내 코가 공중에 쓰는 글자를 받아쓰기 시작했습니다. 그 글자는 이것이었지요.

"나는 아브라함입니다. 나는 당신의 영적 안내자입니다."

그 이후에 아브라함은 '그들'은 다수의 존재들과 함께 하고 있다고 설명해 주었습니다. 그래서 자신들을 복수형으로 지칭하는데, 그들은 하나의 집합 의식Collective Consciousness이기 때문입니다. 그들이 처음에 "우리"라는 복수형을 사용하지 않고 "나는 아브라함입니다." 라고 단수형으로 쓴 이유에 대해서는, 내가 내 자신의 영적 안내자를 단수의 존재로만 예상하고 있었기 때문이라고 설명해 주었습니다. 하지만 그들은 많은 존재들이 함께 모인 집합 의식으로서, 자신들의 의사를 표현할 경우에는 전체적인 교감 속에서 합의된 생각을 하나의 목소리로, 어떤 언어적인 감각을 통해 말한다고 합니다.

여기서 아브라함의 말을 인용해 보겠습니다.

"당신이 육체를 통해 자신을 하나의 존재라고 느끼는 것과는 달리, 우리들 아브라함은 단수 의식이 아닙니다. 아브라함은 하나의 그룹 의식이지요. 비물리적인 의식의 흐름이 존재하고 있는데요, 당신이 어떤 질문을 할 때, 여기에 아주 많은 존재들의 의식이 실재하지만 그 의식의 흐름이 하나의 의식의 점으로 수렴되어 표현되기에 당신에게는 단지 하나의 관점으로 느껴지게 됩니다(여기에선, 에스더라는 한 사람이 메시지를 받아들여 번역하고 있기 때문에 하나의 관점으로 느껴진다는 것이지요.). 그래서 당신에게 우리가 단수의 존재로 느껴지는 것입니다. 하지만 우리는 다차원적이고, 다중적인 면모를 가졌으며, 그래서 확실히 다중적인 의식체입니다."

또한 아브라함은, 나와의 채널 방식에 대해 이렇게 설명했습니다. 그들이 나의 귀에 어떤 말이나 문장을 속삭여 주면 그것을 내가 다른 사람에게 되풀이해서 들려주는 게 아니라, 라디오 전파와 같은 생각 덩어리를 전달한다고 설명했습니다. 그러면 내가 그것을 존재의 어떤 무의식 차원에서 수신한다는 겁니다. 그래서 수신된 그 생각 덩어리들을 그에 상응하는 인간의 언어로 내가 다시 번역해내는 것이지요. 나는 그들이 나의 입을 통해서 말하는 것을 분명히 듣습니다. 하지만 그걸 세상 언어로 번역하는 과정 중에는, 다시 말해 아브라함의 말을 청중에게 전하고 있는 채널 상태 동안에는 내가 하게 될 말을 미리 알아차리지 못하고, 또한 이미 지나간 말을 되새길 만한 시간적 여유도 전혀 없습니다.

아브라함은 이러한 생각 덩어리를 이미 오래 전부터 나에게 전달했다고 합니다. 그러나 나는 테오가 다음과 같이 말했던 지침을 엄격히 지키려고만 노력했던 것입니다.

"당신의 마음에 이런 저런 생각이 떠오를 것입니다. 그럴 때 그 생각을 놓아버리고, 다시 호흡에 초점을 맞추세요."

그래서 난 생각이 떠오를 때마다 가능한 신속히 그것들을 놓아
버리고 다시 호흡에 집중했습니다. 그게 아브라함이 주는 생각인지
도 모르고 말이죠. 그 때문에 그들의 생각을 나에게 전달할 수 있
는 유일한 경우는 나의 코로 글자를 쓰는 방법밖에 없을 거라고 추
측합니다. 아브라함은, 내가 코로 글자를 썼을 때 온몸에 물결치던
환희의 감각은, 내가 그들과의 의식적인 연결을 알아차렸을 때 그
들이 느낀 기쁨을 표현한 것이라고 말했습니다.

나와 그들과의 의사소통은 그 다음 몇 주에 걸쳐서 급격히 발전
했습니다. 코로 글자를 쓰는 것은 아주 느린 과정이었지만, 제리는
이 명확하고도 눈에 보이는 유용한 정보의 근원에 매우 흥분했습
니다. 그래서 그는 한 밤중에도 종종 나를 깨워 아브라함에게 질문
을 했습니다.

그러던 어느 날 저녁이었죠. 나의 팔과 손, 그리고 손가락을 통해
움직이는 어떤 강한 감각을 느꼈습니다. 그런데 그 감각이 내 손을
들어 함께 침대에 누워 TV를 보고 있던 제리의 가슴을 두드리기
시작했습니다. 그러는 가운데 나는 타자기로 가고 싶은 아주 강한
충동을 느꼈습니다. 내 손을 타자기 위에 올려놓자, 두 손이 빠르
게 타자기 위아래를 오르내렸습니다. 마치 누군가가 타자기의 구조
와 글자들의 위치를 알아내려고 빠른 속도로 탐색하고 있는 것 같

았습니다. 그러더니 내 손이 모든 글자들과 숫자들을 거듭 반복해서 쳐보는 것이었습니다. 그러다 글의 형태가 종이 위에 찍히기 시작했지요.

"나는 아브라함입니다. 나는 당신의 영적 안내자입니다. 나는 당신과 함께 작업하기 위해 이곳에 왔습니다. 당신을 사랑합니다. 우리는 함께 책을 쓰게 될 것입니다."

나는 명상 중에 그랬던 것과 마찬가지로, 타자기 위에 손을 올려놓은 채 편안히 이완될 수 있음을 알았습니다. 그러면 아브라함들이(이제 여기서부터는 그들을 복수로 지칭하지요) 제리가 어떤 질문을 해도 모두 답변해 주었습니다. 그것은 참으로 놀라운 체험이었지요. 그들은 너무도 지성적이었고, 사랑에 넘쳤으며, 또 포용력이 있었습니다. 밤이든 낮이든 그들은 언제나 바로 거기에 있으면서 우리가 논의하길 원하는 어떤 것에 관해서도 우리에게 말을 해주었지요.

그러던 어느 날 오후, 우리가 피닉스 시의 고속도로를 달리고 있을 때였습니다. 나는 하품이 나올 때와 같은 감각을 입과 턱 그리고 목에서 느꼈습니다. 그 감각은 너무 강해 도저히 억누를 수가 없었지요. 그때 우리는 두 대의 큰 트럭 사이에 끼어 곡선 도로를 돌고 있었습니다. 두 대의 트럭은 차선을 넘어 동시에 우리 쪽 차선으로 들어오려 하는 것 같았습니다. 순간적으로 나는 그 트럭 두 대가 우리 차를 깔아버릴 것이라고 생각했지요. 바로 그 순간에 처음으로, 아브라함이 나의 입을 통해서 말을 터트렸습니다. "다음

출구로 빠져 나가세요."

우리는 고속도로에서 빠져나와 육교 밑에 차를 세웠습니다. 그리고 거기서 제리는 나를 통해 아브라함과 몇 시간에 걸쳐 대화를 하게 되었습니다. 제리의 쏟아지는 질문을 아브라함이 답변하고 있을 때, 내 두 눈은 굳게 감겨있었고, 머리는 위 아래로 리드미컬하게 움직이고 있었습니다.

*　*　*

어떻게 이 놀라운 일이 나에게 일어났을까요? 이 일에 대해 생각할 때마다, 난 정말이지 이런 일이 내게 일어났다는 게 믿어지지가 않습니다. 이건 마치 동화 속의 요정 이야기처럼 느껴진답니다. 마술 램프를 문지르면서 소원을 비는 이야기처럼 말이죠. 또 한편으로, 나에게 있어서는 이 일이 세상에서 가장 자연스럽고 합리적인 체험 같기도 하답니다.

때때로 나는 아브라함들과 대화하기 이전의 삶이 어떠했는지가 거의 기억나지 않습니다. 난 보통 사람들이 말하는 행복한 삶을 살아왔던 사람이었지요. 어린 시절에도 특별한 어려움이나 별다른 상처 없이 언니 둘과 함께 즐겁고 행복하게 보냈답니다. 그리고 다정하고 이해심 많은 부모님 밑에서 자랐지요. 또 이미 언급했듯이, 제리와 나는 결혼한 지 4년째였지만 삶의 모든 면에서 만족스럽고 행복한 삶을 살고 있었습니다. 그리고 나는 삶에 대해 풀리지 않는 많은 의문을 가진 사람도 아니었습니다. 사실상, 나는 별다른 의문을 품지도 않았고, 어떤 것에 대해서도 나만의 강한 견해를 지닌 적도 거의 없었습니다.

반면에, 제리는 열정적인 질문을 가득 앉고 살아온 사람이었지요. 그는 사람들이 기쁨에 넘치는 삶을 사는데 도움이 될 수 있는 도구나 기법을 늘 찾고, 많은 책을 섭렵해왔습니다. 지금까지 나는, 다른 사람들이 성공적인 삶을 살 수 있도록 돕는 일에 제리보다 더 열심인 사람은 보지 못했습니다.

아브라함은, 왜 제리와 내가 이 일을 하기 위한 완벽한 파트너인지에 대해서 이렇게 설명했습니다. 진실을 알고자 하는 제리의 강력한 소망은 아브라함을 불러오게 했고, 그리고 어떤 의견이나 관점에 경도되어 있지 않고 걱정이 없는 나의 성격이 제리가 불러온 정보를 받아들이는 좋은 수신자 역할을 할 수 있게 했던 거라고 말이죠.

심지어 제리는 아브라함과 교류하기 시작한 처음부터 너무도 열정적이고 의욕에 넘쳐났습니다. 그것은 그가 아브라함들이 제공하는 정보의 명료함과 지혜로움의 깊이를 알아차리고 이해했기 때문입니다. 지금까지도 아브라함의 메시지에 대한 그의 열정은 조금도 수그러들지 않고 있답니다. 그 누구도 제리만큼 아브라함의 메시지를 즐기지는 못할 것이란 생각이 들 정도랍니다.

우리가 처음 아브라함과 교신했을 때, 우리는 실제로 무슨 일이 일어나고 있는지 이해하지 못했지요. 그리고 제리가 대화하고 있는 상대가 도대체 누구인지 알 수 있는 실제적인 방법도 없었죠. 그럼에도 우리는 그러한 체험이 참으로 기이하지만 여전히 흥분되고 놀랍도록 경이롭게 느껴졌습니다. 그것은 너무도 비상식적인 일처럼 보였기에, 나는 내가 알고 있는 대부분의 사람들은 그것을 이해하지 못할 것이라고 확신했습니다. 그들은 아마 알고 싶어 하지도 않을 것이라고 말이죠. 그래서 나는 제리가, 우리의 이 놀라운 비밀을 아무에게도 말하지 않겠다는 약속을 하게 만들었지요.

이제와 추측하건대, 제리가 약속을 어긴 게 확실한 것 같군요. 그러나 그것에 대해 별로 유감스럽게 생각하지 않습니다. 실상 우리 둘 중 누구도 아브라함과 상의하고 싶은 문제들을 갖고 있는 사람들로 가득 찬 장소에 있는 것보다 더 하고 싶은 일은 없을 것이기 때문이지요. 우리의 책이나 비디오테이프, 오디오 테이프, 워크숍 또는 웹 사이트 등을 통해서 아브라함을 접했던 사람들이 가장 자주 하는 말은 다음 두 가지입니다. "내가 언제나 알고 있었던 것 같은 사실을 기억해내도록 도와주셔서 감사합니다."

"내 삶의 여정을 걸어오면서 발견한 진실의 조각들을 완벽하게 하나로 연결하는데 도움이 되었어요. 아브라함의 가르침은 그 모든 것들을 완전히 하나로 엮어 살아나게 합니다."

아브라함은, 점술가들처럼 우리의 미래를 예언하는 일에는 흥미를 느끼지 않습니다. 물론 그들은 우리의 미래가 어떻게 펼쳐질지에 대해 알고 있으리라고 믿고 있지만 말이죠. 그들은 사람들이 현재 있는 삶의 자리에서 원하는 삶의 자리로 갈 수 있도록 안내해 주는 스승들입니다. 그들은 이렇게 설명을 한 적이 있습니다. 사람들이 무엇을 소망해야 하는지를 결정하는 것은 사람들 자신의 일이지 아브라함의 일이 아니라고 말이지요. 그들의 역할은, 사람들이 갖고 있는 그 모든 소망을 실현하는 걸 돕는 것이라고 말합니다. 여기서 그들의 말을 인용해 보겠습니다.

"우리들 아브라함은 그 누구에게라도 뭔가를 향해 가라거나 뭔가로부터 멀어지라고 말하지 않습니다. 우리는 당신들 모두가 자신이 바라는 것이 무엇인지를 스스로 결정하기를 원합니다. 당신들에 대한 우리의 유일한 바람은, 자신의 소망을 실현하는 길을 발견해내라는 것뿐입니다."

지금껏 아브라함에 대해 많은 사람들이 언급을 했습니다. 그 말들 중에서 어느 십대 소년이 한 말이 가장 내 마음에 듭니다. 그 소년은 최근 아브라함이 십대들과 나눈 대화 녹음을 들었다고 했습니다. 소년은 이렇게 말했지요.

"난 처음에는 에스더가 정말로 아브라함을 대신해 말하고 있다고 믿지 않았어요. 하지만 테이프를 통해, 질문들에 대해 아브라함이 답변하는 것을 듣고 가슴으로 알 수 있었어요. 아브라함이 실제로 존재한다는 것을요. 왜냐하면 그는 어떠한 심판도 하지 않았어요.

나는 그 어떤 사람이라도, 아브라함처럼 심판하지 않으면서도 그렇게 현명하고, 공정할 수는 없다고 생각합니다."

　나에게 있어 아브라함과 함께 해온 이 여정은 말로는 표현할 수 없을 정도로 기쁨에 넘치는 것입니다. 나는 그들의 가르침을 통해 알게 된 웰빙의 느낌을 아주 자랑스럽게 생각합니다. 나는 그들의 부드러운 안내를 통해 얻은, 자기 권능의 느낌을 사랑합니다. 나는 우리의 수많은 다정스러운(그리고 또 새로운) 친구들이, 아브라함의 가르침을 삶 속에 적용해 나가면서 더욱 행복한 삶을 창조해가는 것을 보게 될 때 너무도 기쁘고 흐뭇하답니다. 나는 이 너무도 눈부시고 사랑스러운 존재들이 내가 뭔가를 물어볼 때마다 내 머릿속으로 뛰어 들어와 응답해 주는 것을 너무도 사랑합니다. 그들은 우리가 어떤 것이든 이해할 수 있도록 언제나 도울 준비가 되어 있으며 기꺼이 도와왔습니다. 그리고 앞으로도 그러할 것입니다.

　한 가지 보충적인 이야기를 하겠습니다. 우리가 쉐일라를 통해 테오를 만나고 몇 년이 지난 어느 날, 제리는 우연히 사전에서 테오 Theo라는 단어를 찾아보게 되었답니다. 그때 그는 기쁨에 넘치는 목소리로 내게 말하더군요. "테오의 의미는 신이야!" 이 얼마나 완벽한 일입니까. 나는 그 놀라웠던 날을 회상하면서 미소를 지었지요. 그날은 우리에게 아주 중대한 삶의 전환점이 된 날이었습니다. 그 당시에 나는 어떤 혹시나 악마를 만나는 건 아닐까 걱정하며 쉐일라의 집에 마지못해 갔었는데, 실제로는 신과 대화를 하러 가는 길이었다니요!

　우리가 아브라함과 함께한 지 얼마 되지 않았을 때, 사람들은 우리와 아브라함과의 관계에 대해 알고 싶어 했습니다.

　"어떻게 해서 그들을 만나게 되었습니까? 어떻게 그런 관계를 유지하고 있지요? 왜 그들은 당신을 선택했나요? 그렇게 심원한 지혜를 전달하는 기분은 어떻습니까?"

　그래서 제리와 나는 강연회에서나 또는 여러 잡지사나 텔레비전, 라디오 인터뷰 기회가 있을 때마나 매번 그런 질문들에 만족스런 대답을 하기 위해 시간을 할애해야만 했었지요. 난 그런 설명을 해야 할 때는 언제나 조바심이 났습니다. 가능한 빨리 아브라함의 에너지를 나눌 본론으로 들어가고 싶었습니다. 그저 편안히 긴장을 푼 다음, 그들의 의식이 들어올 수 있도록 허용하고, 거기에서 우리가 정말 하고자 하는 일을 시작할 수 있게 되기를 바랐답니다.

　결국 우리는 사람들이 쉬는 시간에 들을 수 있도록 '아브라함에 대한 소개' 라는 녹음테이프를 만들게 되었지요. 거기에 우리가 아브라함을 만나게 된 과정과 그 이후의 발전 과정에 대해서 자세히 설명하였습니다(이제 우리는 아브라함을 소개하는 74분 분량의 녹음 파일을 웹사이트에 올려놓았습니다. 그 사이트에 우리가 누구이고 아브라함을 만나기 전에 무엇을 했는지에 관한 내용도 있습니다. http://www.abraham-hicks.com). 우리부부는 아브라함의 메시지를 사람들이 듣고 삶에 활용할 수 있는 형태로 만들어 나가는 일이 매우 즐겁습니다. 물론 우리 자신도 활용하고 말이죠. 아브라함의 메시지는 우리 삶에 있어 언제나 가장 중요한 부분이랍니다.

오늘 아침에 아브라함이 말했습니다.

"에스더, 우리는 지구별의 대중 의식으로부터 방사되어 나오는 질문들이 어떤 것인지 잘 인식하고 있어요. 그래서 당신을 통해서 그에 대한 답변들을 책으로 만들어서 기쁘게 제공하려고 해요. 그러니 긴장을 풀고 편안하게 이 책을 만드는 과정을 즐기도록 하세요."

나는 지금 즐거운 마음으로 상상합니다. 아브라함이 그들의 관점을 통해서 당신에게 자신들이 누구인지를 설명하는 장면을 말이죠. 하지만 더 중요한 것은, 그들이 당신에게 진정한 당신 자신이 누구인지를 이해하는 것을 돕게 될 거라는 점이라고 생각해요. 아브라함과 우리와의 만남이 우리에게 의미심장하고 도움이 되었던 것처럼, 당신과 아브라함과의 만남도 진실로 의미 있는 것이 되기를 바랍니다.

감사와 사랑으로
에스더 힉스

용어 정리

감정 설정 지점(Emotional Set-Point) 가장 많이 연습된 감정.

감정 안내 시스템(EGS, Emotional Guidance System) 당신이 느끼는 감정이라는 안내 시스템은 자신이 근원과 진동적으로 정렬되어 있는지 아닌지를 알려 준다. 어떤 것을 주시할 때 느끼는 당신의 기분(감정)은, 당신이 현재 무엇을 끌어들이고 있는지를 알려 주는 신호다. 따라서 언제나 자신의 기분을 체크해 감으로써 소망을 실현하는 데 있어 중요한 안내 시스템으로 활용할 수 있다.

감정 안내(Emotional Guidance) 각기 다른 대상을 주시할 때, 그에 따르는 감정들을 통해 자신이 무엇을 끌어당기고 있는지를 알아차리는 것.

감정(Emotion) 주시를 통해 일으켜진 진동에 대한, 몸의 물리적이고 내적인 반응.

근원(Source) ·**근원 에너지(Source Energy)** 영원히 확장하고 있는 웰빙의 진동적 흐름. 존재하는 모든 것들이 흘러나오는 원천.

끌어당김의 법칙(Law of Attraction) 이 세상과 우주, 그리고 존재하는 모든 것의 토대가 되는 법칙. 비슷한 진동을 가진 것들은 서로 끌어당긴다는 것으로, 모든 창조적 체험에 작용하는 우주적 섭리.

내면 존재(Inner Being) 과거의 자신이었던 모든 것과 현재 자신의 모든 것을 지각하고 있는 자신의 영원한 부분. 만약 자신이 그 영원한 부분을 "허용"한다면, 자신의 그러한 관점에 접속하여 활용할 수 있다.

명상(Meditation) 마음이 고요해진 상태. 다시 말해 자신의 근원과 진동적 조화를 방해하는 어떠한 저항적인 생각도 하지 않는 상태.

모든 것이 좋다(All Is Well) 존재하는 모든 것(All-That-Is)의 토대는 웰빙이다. 그 어떤 존재의 근원도 웰빙이 아닌 게 없다. 웰빙이 아닌 것을 자신이 체험중이라고 생각한다면, 그것은 자연스러운 웰빙 흐름의 범위 밖으로 자신을 일시적으로 벗어나게 만드는 관점을, 어떤 이유에서건 당신이 선택하였기 때문이다.

바람(Wanting) 대조되는 체험에서 자연스럽게 탄생된 소망.

받아들임 상태(Receiving Mode) 저항이 없이 근원과 절대적인 조화를 이루는 진동 상태.

법칙들(Laws) 영구히 일관되게 작용하는 반응들.

본질(Essence) 어떤 것에 담겨진 진동적 특성.

비물리적 에너지(Non-physical) 모든 물리적인 것과 비물리적인 것의 토대가 되는 영원한 의식. 근원(근원 에너지) 또는 신.

생각의 최선단·생각으로 일구어가는 창조의 최선단(Leading Edge Of Thought) 새로운 생각을 찾아낼 의도 속에서 편안하게 숙고하고 있는 상태. 물리적 지구 환경은 삶의 대조적인 환경으로 인해 새로운 생각, 아이디어, 선호가 자연스럽게 태어나게 되므로, 새로운 생각이 태어나 물리적으로 구현되어지는 생각의 최선단이라 할 수 있다. 따라서 지구별을 소위 '생각으로 일궈 가는 창조의 최선단' 영역이라고도 말한다.

생명력 또는 생명의 힘(Life Force) 특정한 대상에 초점을 맞추고 있는 영원한 의식.

소망(Desire) 삶의 대조적 환경 속에서 따라오는 자연스러운 결과물.

압도감(Overwhelment) 자신이 원하는 것과 그것을 얻을 수 없는 자신의 무능력함을 동시에 생각하고 있는 상태.

에너지·에너지 흐름(Energy, Energy Stream) 존재하는 모든 것의 토대가 되는 전기적 흐름.

연결(Connection) 자신의 근원과 진동적으로 일치된 상태.

웰빙(Well-Being) 우주의 근본적인 자연스러운 상태로, 기분 좋고 행복한 존재 본연의 상태

웰빙의 흐름(Stream of Well-Being) 영원히 확장하고 있는 진동적 흐름. 모든 것이 그것으로부터 흘러나오고 있음.

의식(Consciousness) 알아차림 또는 지각.

의식의 흐름(Stream of Consciousness) 영원히 확장하는 진동적 흐름. 모든 것들이 그것으로부터 흘러나오고 있음.

의식적 창조 법칙(Law of Deliberate Creation) 자신의 소망에 정렬된 느낌을 느끼고자 어떤 생각에 의식적으로 주의를 집중하는 것.

의식적 창조(Deliberate Creation) 자신의 진동적 존재 상태를, 그리고 근원과의 연결 상태를 알아차리는 가운데 의도하는 것에 주의를 집중시키는 것.

자아(Self) 모든 것을 알아차리고 있는 개체적 의식. 그것으로부터 그 모든 자신만의 독특한 관점, 생각, 인식, 소망이 흘러나온다.

전체적인 당신(Total You) 육체를 입은, 기분 좋은 상태에 있는 당신. 그래서 저항을 발산하지 않고 있기에 내면 존재와 연결되어 있는 당신.

존재(Being) 어떤 특정한 관점에 초점을 맞추고 있는 근원 에너지. 비물리적 존재는 비물리적인 관점으로부터 인식하고 있는 의식이고, 물리적 존재 또는 인간은 물리적 관점을 통해

인식하고 있는 비물리적인 에너지다.

존재하는 모든 것(All-That-Is) 모든 만물이 만들어져 나오는 근원, 그리고 그런 근원에서 만들어진 모든 것.

진동(Vibration) 모든 존재하는 것에 대한 모든 것들의 조화로운 반응이나 부조화로운 반응. 우주의 모든 것은 진동하고 있으며, 진동 주파수의 부합 또는 불일치에 따라 모든 것이 조화나 부조화의 반응을 일으킨다.

진동적 일치(Vibrational Match) 관점의 조화.

진동적 조화(Vibrational Harmony) 관점의 조화.

진동적 정렬·진동적 일치 (Vibrational Alignment) 관점의 조화. 당신의 시선이 가 있는 생각, 관점, 기억, 상상, 사물 등에 담긴 주파수가 진동적으로 당신 자신의 소망 및 근원의 주파수에 부합한 상태.

진동적 주파수(Vibrational Frequency) 진동의 어떤 상태. 당신은 간단히 하나의 독특한 진동 주파수라고 표현할 수 있다.

진정한 당신(You) 자신의 넓은 비물리적인 관점과 자신의 물질적인 관점, 심지어 자기 몸 안의 세포적 관점을 통해서 인식하고 있는 영원한 의식(An Eternal Consciousness).

집단 의식 또는 그룹 의식(Mass Consciousness) 일반적으로 인류의 집단적 지각 의식을 말한다. 태초부터, 이제껏 창조된 모든 생각은 지금 이 순간에도 여전히 존재한다. 이러한 생각을 지각하는 모든 존재는 그 모든 생각에 접근할 수가 있다. 이러한 생각의 몸체는 집합 의식 또는 그룹 의식으로 존재한다.

집합 의식(Collective Consciousness) 지금까지 일으켜진 모든 생각은 이 순간에도 여전히 존재한다. 인식하는 모든 존재는, 근원과 모든 인식 대상에 접속할 수 있다. 이런 생각의 합계는 집합 의식으로 존재한다.

창조 과정(Creative Process) 어떤 특정한 주제나 아이디어들을 흐르고 있는, 존재하는 모든 것의 토대가 되는 전기적 흐름.

창조자(Creator) 창조 에너지를 집중시키는 존재.

창조적 생명의 힘(Creative Life Force) 존재하는 모든 것의 배후에 흐르는 전기적 흐름.

창조적 에너지(Creative Energy) 존재하는 모든 것의 배후에 흐르는 전기적 흐름.

허용의 기술(Art of Allowing) 자신이 주시할 대상을 의도적으로 선택하고, 그 순간 어떤 느낌이 드는지 예민하게 알아차리는 과정. 기분 좋은 생각을 의도적으로 선택함으로써, 웰빙의 근원에 진동적으로 일치를 이루게 된다.

허용하기(Allowing) 근원에서 흘러나오는 웰빙의 흐름과 진동적으로 일치를 이룬 상태. 웰빙의 근원에 연결됨을 '허용하는' 진동을 가진 어떤 대상에 주의를 집중하고 있는 상태. '묵인하기'(Tolerating)는 허용하기와 다르다. '묵인하기'는, 자신이 원하지 않는 어떤 것을 보면서, 그리고 거기에 따르는 진동적인 증거를 느끼면서도, 의도적인 행동도 취하지 않는 것이다. 허용하기는 근원과 진동적 조화를 이루게 하는 대상에만 의도적으로 집중하는 것을 말한다. 허용 상태에 있을 때는 언제나 기분이 좋다.

역자 후기

'이 우주에 우연이란 없다'는 말이 있습니다. 만일 이 말이 진실이라면, 그래서 모든 게 필연적인 것이라면, 이 우주에는 모든 일이 그런 식으로 일어나게끔 하는 어떤 원리나 법칙 또는 힘이 존재한다는 뜻입니다. 만일 그러한 앎에 눈뜨게 된다면 우리는 삶에서 일어나는 모든 일이 어떻게 해서 일어나고 있는지, 어떻게 하면 자신이 바라는 일들을 일어나게 할 수 있는지도 명확하게 알 수 있을 것입니다. 결국 우리가 살고 있는 이 삶과 우주에 대한 전모를 알게 되는 지점에 이르게 될 것입니다.

이러한 주제를 다루는 깨어남에 관한 책들과 성공학 서적들이 많이 있습니다. 그중에서도 아브라함–힉스의 《유쾌한 창조자》는 우주에 대한 근본 원리와 우리 자신의 진정한 모습에 대해 명확히 밝히면서 현실 삶에서도 적용할 수 있는 실용적인 접근법을 제시하고 있습니다. 이러한 책을 만나게 된 것은 제 인생에 가장 큰 행운 중의 하나라고 생각합니다. 이제 이 책을 읽고 있는 독자들 또한 감히 인생의 터닝포인트가 될 최고의 책을 만나게 된 행운아라고 자신 있게 말씀드리고 싶습니다. 이 책을 통해 우주의 작동방식을 익히고 더욱더 넓은 시각으로 세상과 자신을 이해하게 될 것이기 때문입니다. 또한 지식으로만 그치는 것이 아니라 삶을 바꿀 수 있는 강력한 연습도구를 갖게 될 것이기 때문입니다.

아브라함-힉스의 가르침은 이 우주에서 가장 강력한 '끌어당김의 법칙'에 토대를 두고 있습니다. 모든 것이 진동하고 있으며 우리의 생각도 에너지이며 진동이라고 합니다. 그렇기에 삶에서 경험하는 모든 것들을 자신의 생각-진동에 의해 실상 자신이 끌어당기고 있는 것입니다. 그러므로 자신이 자기 삶의 모든 것을 끌어당기는 강력한 자석이며, 자기 삶의 전적인 주체이자 주인이라고 말할 수 있습니다. 이러한 우주적 법칙에 기반해 3단계 창조 공식을 이해하게 된다면, 창조공식의 3단계인 '허용하기(받아들이기)'를 적극적으로 연습하게 될 것입니다. 자신의 기분(기분)을 안내 표지판으로 삼아 매일의 삶속에서 이러한 과정을 의식적으로 연습한다면, 이제 자신이 바라는 삶을 의식적으로 창조해낼 수 있는 유쾌한 의식적 창조자로 살아갈 수 있는 길에 들어선 거라고 말합니다.

자신의 삶에 대한 열정과 애정이 살아있는 사람들에겐 이 얼마나 가슴 뛰는 일입니까. 자신이 바라는 삶을 실현할 수 있는 명쾌한 자각과 강력한 연습의 수단을 갖게 되었으니까 말이죠. 만약 사랑하는 나의 아이들이 자신이 왜 이 세상에 태어났고 어떻게 살아가야 하는지, 그리고 어떻게 해야 원하는 삶을 살 수 있는지를 묻는다면, 이제 저는 서슴없이 일단 이 책을 읽어보라고 권할 것입니다.

　진정한 명의는 결과적으로 드러난 병에 대해 임시방편적인 처방만 하는 것에 그치는 게 아니라 근본 원인을 다루어 처방하는 사람이라고 합니다. 제가 그랬듯이 여러분도 이 책의 가르침이 마치 그러한 인생의 명의를 만난 것과 같기를 기대하겠습니다.

조한근

《감정연습》 – 유쾌한 창조자 연습편
목차 소개

- 당신의 끌어당김 포인트를 개선시킬 22가지 연습 과정 소개

- 당신은 "스마일 스티커"를 붙이셨습니까?

● 마지막 한 가지

• 옮긴이 | **조한근**

전남대 공대 졸업. 존재의 궁극적 자유를 찾아 오랜 시간 진리 탐구를 해왔다. 현재는 심원한 근원의 웰빙(절대적 행복)과 현실 창조의 원리를 전하는 아브라함–힉스의 메시지에 매료되어 사람들에게 널리 알리고자 한다. 《유쾌한 창조자》를 번역하고, 《행복창조의 비밀》, 《머니룰》, 《유인력 끌어당김의 법칙》, 《우주조각가》를 감수하였다.

• 옮긴이 | **박행국**

외국어대학교 독일어과 졸업. (주)선경(현 sk네트웍스)에서 15년간 재직. 퇴사 후 네덜란드 암스테르담에서 무역회사를 설립해 운영하고 있다. 삶의 목적을 찾는 영성에 깊은 관심을 가지고 오랜 세월 명상 수련 및 자기계발 분야를 탐구해왔으며, 정신적 풍요와 물질적 풍요가 조화를 이루는 삶을 추구하며 영성 관련 번역작업을 하고 있다. 역서로는 《유쾌한 창조자》, 《행복창조의 비밀》, 《머니룰》, 《유인력 끌어당김의 법칙》이 있다.

유쾌한 창조자
Ask and It Is Given

초판 1쇄 발행   2014년 2월 12일
개정판 1쇄 발행   2014년 11월 28일
개정판 5쇄 발행   2022년 4월 5일

지은이	제리 & 에스더 힉스 옮긴이 조한근·박행국 감수 장연재
편집	정효주 교정 박상란 디자인 황지은
펴낸이	조연정
펴낸곳	나비랑북스
출판등록	2007년 11월 23일 제2010-000070호
등록번호	제 2012-000087호
주소	경기도 성남시 분당구 서현동 297번지 효자촌현대상가 106
전화	031)708-4864 팩스 031)781-7117
이메일	nabirangbook@naver.com
네이버 카페	http://cafe.naver.com/nabirangbooks
블로그	http://blog.naver.com/nabirangbook
트위터	http://twitter.com/nabirangbooks

ISBN   978-89-960473-9-1 (03320)

이 도서의 국립중앙도서관 출판시도서목록(CIP)은 서지정보유통지원시스템 홈페이지(http://seoji.nl.go.kr)와 국가자료공동목록시스템(http://www.nl.go.kr/kolisnet)에서 이용하실 수 있습니다.(CIP 2014002926)